PAUL MANSUY

Lettres de Guerre

de Jean de LA VILLE DE MIRMONT

BORDEAUX

1917

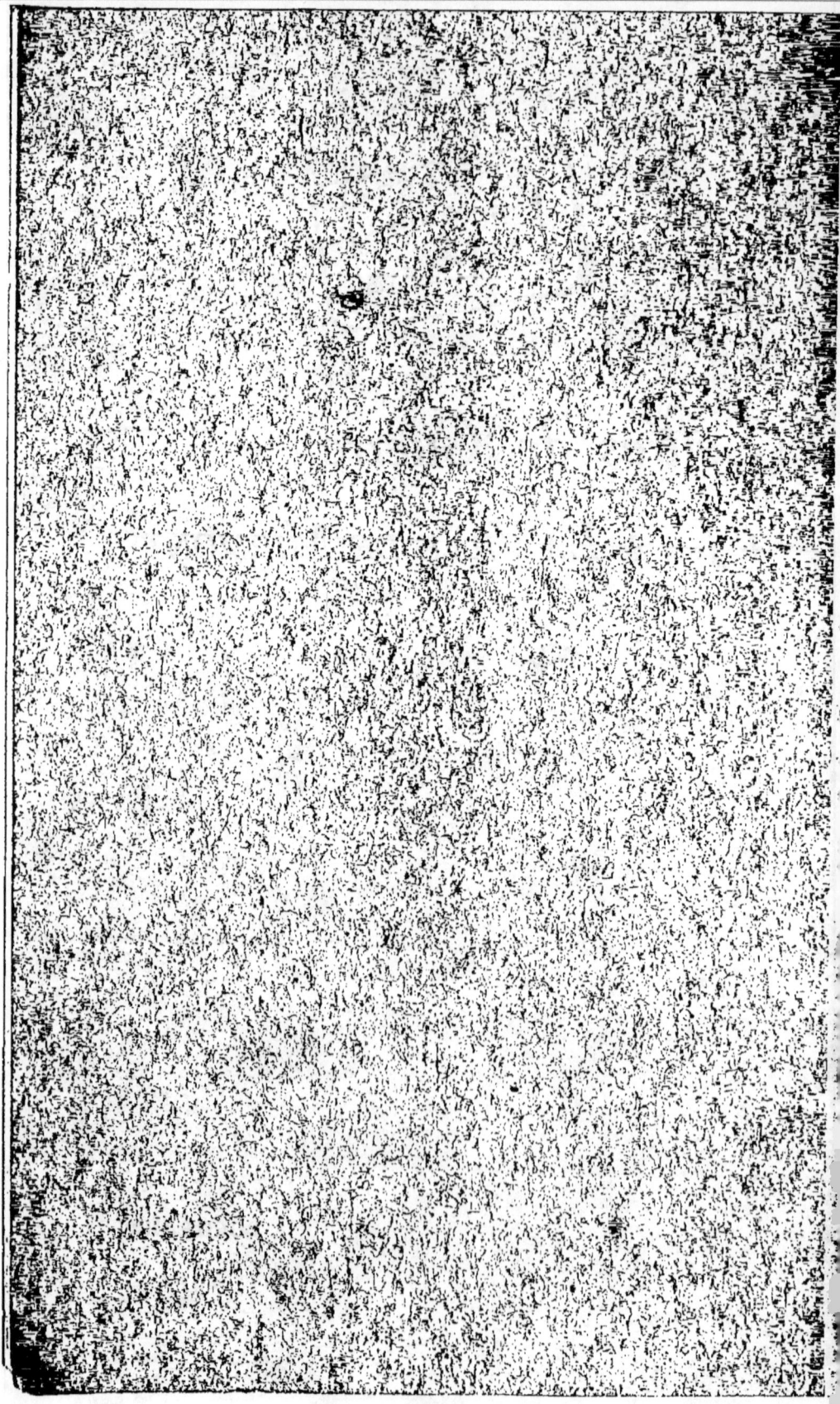

LETTRES DE GUERRE

LETTRES DE GUERRE

DE

JEAN DE LA VILLE DE MIRMONT

Licencié ès Lettres
Rédacteur à la Préfecture de la Seine
Sergent au 57ᵉ Régiment d'Infanterie

———

Né a Bordeaux le 2 Décembre 1886
Mort pour la France le 28 Novembre 1914
a Verneuil (Aisne)

———

« *Offrist à mort sa tres chere jeunesse.* »

VILLON.
(Ballade à la requeste de sa mère).

BORDEAUX

IMPRIMERIES GOUNOUILHOU

1917

Jean de LA VILLE de MIRMONT

—

Le jour où nous pourrons visiter les tombes sans nombre qui jalonnent le front, nous ne ferons entre elles nulle différence. Nous honorerons du même respect celle où se lit un nom chéri et le tertre anonyme où un vieux casque de tranchée se rouille sur une croix de bois. Tous ces morts sont nos morts; riches ou pauvres, ouvriers ou bourgeois, laboureurs ou lettrés, tous étaient des fils de la France, tous se sont immolés pour elle, tous nous sont également vénérables.

Nous n'en avons pas moins le droit et le devoir de rendre aujourd'hui un hommage individuel à ceux d'entre eux que nous avons connus personnellement. Nous leur devons et nous nous devons à nous-mêmes de publier leurs lettres ou leurs carnets de route, et de dire ce que nous savons de leur vie et de leur mort. De leur vie et de leur mort se dégagent des enseignements qu'il importe de recueillir. En se multipliant, en se juxtaposant, les humbles notices que nous leur consacrons finiront par constituer un trésor national, un nécrologe que nos enfants liront comme une nouvelle *Vie des Saints*.

J'avais vu naître et grandir Jean de La Ville de Mirmont. Je me rappelle comme un passé encore tout récent ses années d'aimable et heureuse enfance. Je l'avais vu plus tard suivre nos cours à la Faculté des Lettres. Il y avait conquis son diplôme de licencié en même temps qu'il passait ses premiers examens de Droit. Séduit ensuite par le devoir militaire dont il se faisait dès ce temps-là une idée très haute, il avait devancé l'appel et s'était engagé au 57ᵉ d'infanterie. Il était sergent et à la veille d'entrer à l'École de Saint-Maixent, quand à la suite d'une chute sa santé fut si profondément ébranlée qu'on le réforma. Alors il se présenta au concours de la Préfecture de la Seine, fut reçu et, quittant Bordeaux, sa ville natale, vint se fixer à Paris.

Au moment où la guerre a éclaté, il avait vingt-huit ans. C'était un grand jeune homme svelte et élégant, aux cheveux noirs, au teint mat, un grand jeune homme pensif qui marchait la tête toujours un peu inclinée en avant. La besogne administrative qui était devenue la sienne à l'Hôtel de Ville, lui paraissait assez ingrate et mono-

tone, bien qu'il s'en acquittât en toute conscience.
Il occupait ses loisirs à errer à travers les vieux
quartiers de Paris; il les occupait surtout à rêver
et à écrire. Nature inquiète et tendre, d'une
sensibilité presque excessive, la rêverie avait
de tout temps été son refuge. Il venait de faire
imprimer un volume, *les Dimanches de Jean
Dézert*, qui est une originale et spirituelle psy-
chologie du bureaucrate ; il avait en porte-
feuille des poésies, *les Horizons chimériques*,
qu'une main pieuse a rassemblées après sa mort
et qui ne tarderont pas à paraître ([1]). Les événements au milieu desquels nous vivons sont tels,
que pour ma part je me sens en ce moment hors
d'état d'apprécier une œuvre littéraire et indiffé-
rent à tout ce qui est volupté d'esprit. Je crois
bien cependant pouvoir dire, après avoir lu les
premiers vers de Jean, que l'âme qui s'y livre
à nous était celle d'un poète. Qu'on en juge,
d'ailleurs, par deux extraits :

L'ombre du corridor obscur est éclairée
Tout d'abord par le jour d'une porte vitrée
Aux carreaux de couleur, jaunes, rouges et verts.
Je suis l'enfant rêveur qui regarde au travers.

([1]) Le volume de prose et les vers en manuscrit ont
été couronnés par l'Académie française (médaille d'or,
prix Montyon, séance du 25 novembre 1915).

Son esprit maladif longuement se récrée
A voir sur le jardin une splendeur dorée,
Une lumière glauque ainsi qu'au fond des mers,
Ou bien un soleil pourpre ensanglantant les airs.

Il se plaît dans ce monde irréel, où la vie
Semble bonne à sa douce et tendre rêverie.
Mais si la porte cède, il voit avec effroi

Le jour gris de l'hiver au lieu de ce qu'il croit,
Le vent aigre et mauvais, non la douceur amie,
Et dans son cœur qui souffre il sent entrer le froid.

***

Vaste comme l'appel des mers et des espaces
　　Ou des mouettes frappant les flots,
Perdu comme la voix du navire qui passe
　　Sur les horizons sans écho,

Un navire en partance a jeté dans la rade
　　Un cri qu'il n'avait jamais eu,
Ouvrant parmi le soir où le ciel se dégrade
　　Tout un monde ailleurs entrevu.

Ce jour était un jour des chaudes colonies,
　　Un jour implacable et sanglant,
Et je laissais tanguer ma lourde rêverie
　　Au bruit des flots, au bruit du vent.

Étais-je Des Grieux en habits de naguère
　　Tenant entre ses bras Manon,
Alors qu'il s'enfuyait vers la rive étrangère
　　Oubliant tout dans son pardon ?

Étais-je l'inconnu qui partait pour les îles,
    Ainsi que l'on disait alors,
N'emportant avec lui que la vie inutile
    Et les rêves de poudre d'or ?

Je connaissais les noms des agrès et des mâts,
    Ces mots de la marine ancienne
Qu'on entendait sonner les jours de branle-bas,
    Et les jurons du capitaine.

On avait déployé les voiles de fortune
    Après l'orage tropical,
Et le vent chantonnait en haut, parmi les hunes,
    Un vieil air du pays natal.

Ce ne fut qu'un instant de rêve sur le port,
    Mais j'ai senti cette existence
Qui revenait en moi d'aussi loin que la mort,
    Au cri d'un navire en partance.

Oui, le débutant qui s'exprimait ainsi, avec un sens si juste du rythme, eût su quelque jour se faire sa place ; ce petit-neveu de Baudelaire, de Sully Prudhomme et de Verlaine eût su réaliser son rêve d'art. Mais, en vérité, qu'est-ce que la beauté de l'œuvre d'art, si nous la comparons à la beauté morale, et dans quel ouvrage Jean de La Ville de Mirmont eût-il jamais mieux donné sa mesure que dans ses lettres de guerre, quel poème eût-il jamais écrit que ne surpasse sa mort ?

Il eût été, s'il eût vécu davantage, une des voix mélancoliques qui traduisent nos inquiétudes, nos nostalgies, nos vaines tendresses, un des raffinés qui excellent à analyser les subtiles maladies de l'âme moderne, mais qui les développent peut-être en les analysant. Le destin a voulu qu'il fût au contraire de ceux dont l'exemple demeurera pour nous une force. Car les morts de la grande épopée ne nous auront pas seulement sauvés des Allemands, ils nous auront sauvés de nous-mêmes et puissamment aidés à guérir.

Voici les exemples que celui-ci nous a laissés.

Il n'appartenait plus à l'armée, le conseil de réforme l'avait libéré de façon définitive. Aux premiers bruits de guerre, dès le 28 juillet 1914, il écrit à sa famille qu'il est résolu à s'engager, s'il n'est pas autorisé à rentrer dans la réserve avec son ancien grade. Il court les bureaux de recrutement; il va deux fois en un jour et à pied à celui de la Porte de Châtillon, et le lendemain, le surlendemain, il se lève à cinq heures pour y retourner encore. Il demande comme une faveur d'être admis à passer la visite médicale. Les médecins lui disent : « Rien à faire, vous avez la vue trop basse. » Il obtient d'être examiné à nouveau, et cette fois on lui déclare qu'il est trop maigre : « Vous ne tiendriez que quelques

jours, en vivant sur vos nerfs. » Sur quoi,
pendant trois semaines, il se suralimente, il se
gave, et le 7 septembre on lui permet enfin de
contracter un engagement pour la durée de la
guerre. Il est libre de choisir son régiment.
Il choisit celui où il a servi déjà, et le 12 il
est à Libourne, au dépôt du 57ᵉ. Ses galons de
sergent lui sont aussitôt rendus. A deux reprises
sa mère peut venir l'embrasser. Puis, le 26,
brusquement, sans qu'ils se soient dit adieu,
c'est le départ, l'embarquement dans les wagons
à bestiaux, l'acheminement vers Noisy-le-Sec,
vers Fismes, vers les positions de l'Aisne où la
victoire de la Marne a ramené le 18ᵉ corps, et où
vient de commencer la guerre de siège. Il emporte avec lui les photographies de ses parents et
la Bible jadis trouvée dans son soulier de Noël.
Le 29, il est à Cuiry, de l'autre côté de la rivière,
et soudain le voilà dans la boue des tranchées,
sous les obus, au milieu des combattants, des
blessés et des morts.

Nulle forfanterie dans les lettres qu'il envoie
de là aux siens, mais nulle trace de surprise ou
de désarroi. Il a toute sa lucidité d'esprit, tout
son calme. Il s'interroge, il s'observe, et se sent
sûr de lui. Non qu'il se fasse illusion sur le sort
qui l'attend ; mais il l'accepte d'avance avec séré-
nité. Il s'est donné, et son testament de soldat

est fait : « Si je meurs, faire dire à ma mère que ma dernière pensée a été pour elle. »

Ah ! quels mots, quelles caresses ils trouvent avant de mourir, ces soldats de France, pour consoler et pour bénir celles qui ont fait d'eux des hommes et qui les soutiennent dans le sacrifice !

« *En m'engageant, je n'ai pas fait que m'enga-ger moi-même : c'est tout ton amour maternel que j'ai mis en jeu. J'ai peur que ce ne soit une bien rude épreuve à laquelle je t'ai soumise…* »

« *Il ne faut pas pleurer ceux qui à vingt-quatre ans se font tuer au feu en défendant leur pays. Leur vie a été belle, et leur destinée complète…* »

« *Six jours de combat acharné, diurne et noc-turne. Un instant j'ai bien cru y rester, mais c'était précisément le 4 novembre, et je ne pouvais pas tomber pour ton anniversaire…* »

« *Comment te remercier ? Je te sens chaque jour près de moi, m'entourant de ton affection ainsi que d'une sauvegarde invincible. Si un obus m'emporte, je mourrai comme dans tes bras, quoique de si loin.* »

C'est ainsi qu'il est mort, en effet.

Il avait été cité à l'ordre le 6 novembre 1914 « pour sa belle conduite », et il était proposé pour le grade de sous-lieutenant ; il en remplissait déjà les fonctions. Le 28 du même mois, dans

l'après-midi, comme il était dans la tranchée de
première ligne devant Verneuil, un obus de gros
calibre éclata près de lui, l'ensevelissant avec
deux de ses hommes. On les dégagea immédiatement; les deux autres purent être rappelés à la
vie, mais lui, la commotion lui avait brisé les
reins, et transporté par les brancardiers au poste
de secours de la division il y rendit le dernier
soupir un peu avant cinq heures, sans avoir
repris connaissance. Les brancardiers l'envelop-
pèrent dans le caoutchouc que venait de lui
envoyer sa mère, et creusèrent sa fosse dans un
champ à flanc de coteau, surnommé le Cimetière
des Anglais parce que quelques soldats de l'armée britannique y reposent.

Il dort là depuis trois ans. Depuis trois ans, la
canonnade berce son dernier sommeil, plus loin-
taine à présent que les nôtres ont repoussé l'ennemi par delà le Chemin des Dames. Il dort
dans le sein de la terre qu'il a défendue vaillam-
ment au prix de sa jeune vie. Seule sépulture
digne de lui.

Puissé-je un jour, mon petit Jean, cher enfant
qui fus un grand cœur, aller m'agenouiller dans
le champ de Verneuil. Ce ne sera pas pour pleurer, tu ne voulais pas de nos larmes. Ce sera
pour honorer en toi tous nos soldats de 1914, les
soldats qui portaient le pantalon rouge, la capote

gros bleu et le couvre-képi, et qui, sans artillerie lourde, sans mitrailleuses et sans avions, ont arrêté les hordes d'assassins ; ce sera pour répéter gravement tes propres paroles : « Sa vie a été belle, et sa destinée complète. »

Andҏé LE BRETON.

28 novembre 1917.

MON CHER PAPA,

J'ai reçu ce matin une carte de maman, datée de Sarlat, mais je ne sais pas au juste où en sont vos projets de vacances. Suzanne devait me transmettre une lettre explicative de maman sur cette question. Je n'ai rien reçu.

Dans tous les cas, je compte partir le jeudi (31 juillet) pour Bordeaux, par mon train de nuit habituel.

J'espère que d'ici là nous saurons à quoi nous en tenir au point de vue de la guerre. La question n'a jamais été aussi angoissante depuis 1871. Il faut, paraît-il, s'attendre à tout. On aurait déjà commencé à mobiliser les trains, mais les nouvelles manquent.

D'ailleurs, la foule est très calme. Hier soir, les boulevards regorgeaient de populaire silencieux attendant les dépêches devant le *Matin*. C'était très impressionnant. Si ça doit éclater, autant vaut maintenant que plus tard. — En ce qui me concerne, — je me suis renseigné, — je serai sans doute, si je le demande, et après une visite médicale, reversé avec mon grade dans la réserve.

Au revoir, mon cher papa. Je t'embrasse de tout mon cœur. A bientôt, j'espère.

Ton fils qui t'aime,

JEAN DE LA VILLE.

29 juillet 1914.

MA CHÈRE MAMAN,

Je suis heureux de savoir que tu as retrouvé ton chez toi et papa qui devait t'attendre avec grande impatience. D'ici quelques jours je vais venir me joindre à vous, et je commence déjà à compter les instants.

La maison de Saint-Cyprien dont t'a parlé M. Paris me plairait à première vue. L'endroit est agréable, pas trop incommode puisqu'il se trouve près d'un village, et ce serait moins sous-préfecture que Sarlat même. D'autre part, si je me souviens bien, la vie n'est pas chère du tout dans le pays. C'est un des endroits de France où l'on mange les meilleures choses au meilleur prix.

Quand est-ce que Suzanne et Paul pourront quitter Dieppe? Pour moi, je compte partir le

31 juillet, au soir, si je puis trouver une place dans le train, ce qui n'est pas sûr.

Je ne serai pas fâché de passer d'abord par Bordeaux pour voir la maison et le jardin.

C'est demain que commence le procès Caillaux. Il y aura peut-être quelque tapage dans la rue. Dans tous les cas, le service d'ordre sera formidable. Les avocats se plaignent de ce que l'on a distribué des robes à une foule d'agents en bourgeois qui occuperont les trois quarts des places.

Au revoir, ma chère maman, je t'embrasse de tout mon cœur ainsi que mon cher papa.

Ton fils qui t'aime,

JEAN.

Le 30 juillet 1914.

MA CHÈRE MAMAN,

Je viens d'être informé par le cabinet du Préfet, il y a de cela dix minutes, que tous les congés accordés au personnel sont supprimés jusqu'à nouvel ordre. Je ne puis quitter Paris sans risquer d'être immédiatement révoqué, d'autant que je me trouve à la disposition de l'autorité militaire.

On espère encore que les choses vont s'arranger. Les mesures prises sont de *pures précautions.*

Un journal, *Paris-Midi*, ayant publié des nouvelles sur les décisions concernant la mobilisation, vient d'être confisqué. On ne peut absolument rien savoir sur ce qui se passe.

Les troupes de couverture partent la nuit pour
ne pas émouvoir la populace. Les affiches de
mobilisation sont prêtes; quoi qu'il arrive, nous
ne serons pas surpris, c'est l'important. Pour
moi, je suis disposé à faire gaiement mon devoir
jusqu'au bout; mais ma classe ne sera certainement pas mobilisée avant un certain temps, et
d'ici là on peut voir venir.

Jamais je n'ai vécu encore une époque aussi
intéressante et aussi angoissante, peut-être. Le
peuple est admirable de sang-froid. Et pourtant
Paris sait ce que c'est que la guerre! On refuse
les billets de banque dans les magasins. Les
Allemands sont expulsés discrètement par mesure de police. Les femmes, les vieillards et les
enfants sont prêts à quitter Paris, et tout ce
monde parle et plaisante comme à l'ordinaire:
chez l'épicier où l'on s'approvisionne de boîtes
de sardines, devant les établissements de crédit
où l'on fait queue, et même chez le bottier où les
stocks de brodequins sont déjà épuisés.

Hier, on a reçu Poincaré avec un enthousiasme délirant; la foule a accompagné sa voiture en courant tout le long du parcours jusqu'à

l'Élysée. Mais pas un cri inutile, pas une marque d'impatience. Les événements se préparent sans qu'il soit permis de les connaître ; il faut avoir confiance en ceux qui nous dirigent.

Nos vacances ? Elles seront retardées, voilà tout. Puisqu'il y a cas de force majeure, inclinons-nous.

Au revoir, ma chère maman, je t'embrasse de tout cœur, comme j'embrasserais ma vieille maman la France si elle n'avait pas la taille si large et si hérissée de baïonnettes.

Ton fils,

JEAN DE LA VILLE.

Paris, le 1ᵉʳ août 1914.

MON CHER PAPA,

Je crois que ça y est. J'ai tout mon sang-froid, mais je suis profondément ému et aussi, faut-il le dire, très intéressé. Un fait sans précédent dans l'histoire du monde, une guerre extraordinaire, va, sans doute, mettre le feu à tout un continent. J'en serai le spectateur, j'en serai j'espère, aussi, un des acteurs, résolu à *servir* dans la modestie de mon rôle, et j'ai fait d'avance, en toute hypothèse, joyeusement, le sacrifice de ma vie. J'ai accompli mon strict devoir en demandant, avant même qu'il fût parlé de mobilisation, à rentrer dans l'armée de réserve. Ayant servi un an comme dispensé (et jugé digne à la fin de cette première année de faire un officier de réserve), ayant, en outre, été sergent pendant une autre année et candidat à Saint-Maixent, me trouvant en excellente santé actuellement(1), je suis sûr de pouvoir rendre des services comme sous-officier, alors que des milliers de jeunes gens malades ou infirmes peuvent me remplacer dans mon métier de bureaucrate.

Je n'ai pas encore reçu de réponse du bureau de recrutement. Il faut encore, d'ailleurs, que je passe une visite médicale. Peut-être serai-je envoyé à la frontière, peut-être serai-je employé à instruire les recrues. Je n'en sais rien. J'obéirai.

Je suis enthousiasmé de l'attitude des Parisiens. Un instant j'ai eu peur à cause de l'assassinat stupide de Jaurès par un pauvre braque illuminé. J'ai passé la nuit dehors. J'ai causé avec des syndicalistes, des ouvriers de tous les partis. Ils comprenaient qu'en ce moment tous les Français doivent être unis; ils étaient calmes, ils parlaient tranquillement de partir. La gare de

---

(1) Il avait été réformé à la suite d'une terrible chute dans la cour de la caserne qui avait amené un grave ébranlement nerveux.

l'Est était encombrée de troupes du génie et
d'officiers de réserve allant rejoindre leur poste.
Les nouvelles les plus extraordinaires circulaient.
On racontait que la gare de Lyon était en feu,
que des ponts avaient sauté. — « Que voulez-
vous, c'est la guerre! » m'a dit un garçon de
café. Pas un instant de panique, pas un instant
de trouble.

Sommes-nous prêts? Bien des illusions paci-
fistes viennent de tomber. Que ne sont-elles tombées plus tôt! Il y avait encore bien des choses
à faire!... Soyons loyalistes avant tout et ayons
confiance.

Quand irai-je à Bordeaux? Franchement je ne
crois pas qu'on m'envoie de ce côté si je pars, et
je ne dois pas, pour aller vous voir, abandonner
mon métier avant de partir, ce serait déjà une
désertion. Vous connaissez mon amour pour
vous. Je n'avais pas pris mon congé en juillet,
comme les autres années, afin de pouvoir rester
plus longtemps en vacances auprès de vous. Les
événements commandent et nous ne sommes
rien. Il est inutile de regretter. Quoi qu'il arrive,
vous serez toujours près de moi. C'est *par vous*
que j'agis en ce moment, par respect pour les
principes que vous m'avez donnés. Dis à maman
qu'il y aura dans mon sac vos deux portraits et
la Bible qu'elle a mise dans mon soulier de Noël,

3

quand j'étais enfant. Dis-lui que son fils fera son devoir ainsi qu'elle le lui a enseigné.

Je mets les choses au pire, bien entendu. La guerre peut encore ne pas avoir lieu. Il vaudrait mieux qu'elle eût lieu, au point où nous en sommes. Sinon ce serait à recommencer sous peu, et alors l'Allemagne ne nous raterait pas, tandis qu'aujourd'hui nous pouvons lutter à armes égales.

Au revoir, mon cher papa. Tu pourrais déjà m'envoyer un peu d'argent, n'importe comment, si cela ne te gêne pas. Je viens de payer mon terme et j'ai besoin d'acheter des chaussures spéciales et autres objets de première nécessité, plusieurs paires de lunettes, etc. — Toujours sous réserves, bien entendu.

Je vous embrasse tous deux bien tendrement.

Ton fils,

JEAN DE LA VILLE.

Paris, le 6 août 1914.

MA CHÈRE MAMAN,

J'ai été bien heureux de recevoir ta bonne et courageuse lettre. Je l'attendais avec impatience. Ah! les sales barbares! les vilaines brutes d'Allemands! Ce seront eux qui auront « commencé »,

comme disent les enfants. Je rage de ne pas être
encore à la frontière et ça me crève le cœur de
voir les autres s'en aller. Mais j'arriverai, j'espère, pour le bon moment. Hier, j'ai été deux
fois au bureau de recrutement de la porte de
Châtillon, à pied, car il n'y a plus de tramways.
J'y suis retourné ce matin à six heures, ce qui
m'a fait lever à cinq. Je m'entraîne ainsi à la
marche. Mais je ne pourrai point passer la visite
médicale avant jeudi. Je pense qu'on m'enverra
comme sergent dans un régiment de ligne. Sinon
je m'engagerai comme simple soldat volontaire
pour la durée de la guerre. Et je te jure que
j'aurai du cœur au ventre. Les Allemands veu-
lent la guerre à tout prix, ils violent toutes les
conventions internationales. Ils s'imaginent imi-
ter Napoléon dont ils n'ont ni le génie ni la décision. Il s'agit de les vaincre, coûte que coûte.
Notre cause est celle de toute la civilisation.

Je crois vraiment que la guerre a quelque chose
de divin malgré son horreur. Elle est immortelle
comme la peste et le choléra. Celle-là sera peut-
être la dernière grande guerre — et la plus terrible — de l'époque moderne. Puis on en verra
d'autres, aussi nécessaires, aussi inévitables —
l'éternelle lutte des barbares de l'Orient contre
les civilisés de l'Occident, l'éternelle invasion
à repousser.

L'âme des gens s'est transformée en peu de jours. Je n'ai jamais pensé qu'une foule pût être aussi résolue et enthousiaste. Tout le monde se tutoie dans la rue. On ne parle que de ça sans jamais rencontrer un contradicteur. Pendant la mobilisation la police est familière et indulgente.

« Où voulez-vous que je vous conduise? A la statue de Strasbourg? A celle de Jeanne d'Arc? » demandent les sergents de ville aux manifestants français, russes, polonais, alsaciens et même italiens, qui chantent la *Marseillaise* dans les rues. Et les ouvriers, les étudiants, les réservistes partent bras dessus, bras dessous, avec les agents qui les conduisent habilement loin de l'ambassade d'Allemagne.

Hier un Allemand, sans provocation, devant la gare Montparnasse, a tiré un coup de revolver sur un officier en tenue. En deux minutes il a été mis en morceaux par les passants, devenus sauvages comme des Papous. On a démoli toutes les boutiques de Maggi, compagnie d'espionnage prussien. Et cela avec sang-froid, tout naturellement, dans chaque quartier, sans rien abîmer à côté. Seuls quelques apaches ont fait des bêtises, par-ci par-là; mais grâce à l'état de siège on aura vite fait de les liquider.

L'antimilitariste Hervé part pour la guerre. Il

n'y a plus de divisions politiques et les journaux ont pris l'engagement d'honneur de ne publier que des nouvelles officielles et certaines pour ne pas troubler la population. Les femmes pleurent, mais n'accusent que l'ennemi, le « Bosch ».

Hier un gosse de quinze ans a salué, près de moi, un officier, puis s'est mis à pleurer en lui disant : — « Ah ! monsieur, quel malheur que je ne sache pas causer ! Ce que je vous dirais, ce que je vous dirais ! »

Avec tout ça j'ai un travail d'enfer. Je reste jusqu'à sept heures du soir, et je reviens après dîner, souvent jusqu'à minuit.

On emploie des jeunes, à la place des commis, presque tous anciens sous-officiers, qui ont dû partir. Ceux de nous qui s'en vont seront remplacés par des auxiliaires qui gagneront ainsi leur vie pendant la guerre et auront fait leur situation après, — car il y aura beaucoup de vides à combler.

Au revoir, ma chère maman. On ne vit pas tous les jours à un tournant de l'histoire.

Je t'embrasse de tout mon cœur et papa aussi.

JEAN DE LA VILLE.

Vendredi, 7 août 1914.

MON CHER PAPA,

J'ai reçu avant-hier ton aimable lettre, ainsi que celle de maman — et, peu après, le mandat annoncé. Je te remercie de tout mon cœur — et je remercie aussi maman pour les objets, chemises, chaussettes et ceinture de flanelle qu'elle m'a fait adresser et qui me seront d'une grande utilité.

Ce matin, à six heures, je suis retourné, avec une constance digne d'éloges, au lointain bureau de recrutement de la porte de Châtillon. Grâce à la pluie, la queue n'était pas trop longue. On a promis de m'envoyer prochainement une convocation pour passer la visite médicale. Peut-être me faudra-t-il, pour cela, attendre la fin de la mobilisation, car les bureaux sont débordés en ce moment. Mais, dans mon cas, je n'ai aucunement besoin du vote d'une loi spéciale. Ce n'est pas un engagement pour la durée de la guerre que je sollicite. Je désire être examiné par la commission de contre-réforme afin de faire établir si je suis apte à être réintégré dans les cadres de l'armée de réserve. Cette démarche est normale, légale et prévue, même en temps de paix. Si elle réussit, elle peut me permettre de conserver mes galons. A vrai dire, j'aurais pu m'y prendre plus tôt — à partir du jour où j'ai eu vingt-sept ans et où, par conséquent, la contre-réforme ne m'obligeait plus à venir achever dans l'armée active ma troisième année de service. Mais il est impossible de tout prévoir, bien que Mme de Thèbes ait vu assez clair cette année-ci.

Si, pour une raison quelconque, ma demande m'est refusée, je serai toujours à temps de prendre un engagement pour la durée de la guerre, — mais alors je partirai comme simple soldat.

Si elle m'est accordée, ou bien on m'enverra rejoindre mon régiment directement, à la frontière, ou bien l'on me placera au dépôt du régiment pour faire l'instruction des bleus et des engagés volontaires, — auquel cas j'irai à La Rochelle pendant quelque temps, non loin de vous, avant de conduire au feu une demi-section de jeunes Marie-Louise.

Il me semble que la guerre sera assez longue. La partie est trop grosse pour qu'on ose la précipiter. Mais quel concours inespéré de circonstances pour le pays, en ce moment! Il y a cinq ou six ans l'Allemagne a manqué son coup. Elle nous écrasait presque sûrement. Aujourd'hui l'attitude imprévue des Belges (sans compter nos alliances) nous donne un atout formidable et

déconcerte l'ennemi. Le plan allemand est décou-
vert ; — sa marche sur Paris est retardée et
permet à nos généraux de prendre leurs dispositions. Cette héroïque Belgique a stupéfié tout le
monde. Elle n'avait qu'à laisser passer, avec un
semblant de résistance, pour la forme, et l'Allemagne la laissait tranquille, et la bataille avait
lieu chez nous. Par fierté et pour défendre le
droit, elle livre combat à une armée bien supé-
rieure à la sienne — au risque de se voir anéantir
et annexer si les Prussiens sont vainqueurs plus
tard ; — elle résiste d'une manière admirable,
extraordinaire, autour des forts démodés de
Liège. Ce sera fort beau à lire dans cent ans,
dans les livres d'histoire. Et nous devrons une
éternelle reconnaissance à nos lourds petits voi-
sins, si souvent ridiculisés.

Quant aux Allemands, quelles brutes sauvages ! Je crois que c'est à tort que l'on attribue
la cause de la guerre à l'Empereur. Il ne la dési-
rait pas, et n'en avait pas besoin, — sans cela il
l'aurait faite plus tôt. C'est l'Allemagne, ou du
moins un puissant parti pangermaniste, com-
posé d'officiers, de bourgeois, de professeurs et
d'une grande partie de la population, qui l'a
voulue et qui la voulait depuis longtemps, —
qui s'y est préparé formidablement et méthodi-
quement, — qui a établi un redoutable méca-

nisme de destruction contre nous. Ce n'est pas l'Empereur d'Allemagne qui fait fusiller les prêtres et les enfants, — c'est la race allemande, qui nous hait instinctivement.

Depuis longtemps l'état-major français avait prévu l'agression. Personne ne voulait y croire. On avait demandé des forteresses pour le Nord, — la Belgique y supplée, par bonheur ! On avait demandé une artillerie lourde de campagne, — nous ne l'avons pas encore bien que la Russie en possède une, fabriquée au Creusot, d'un modèle tout récent et très bon. On avait demandé de prendre des précautions contre les espions, — on les fusille aujourd'hui — quand on les trouve ; mais il eût été meilleur de les coffrer plus tôt, *car on les connaissait.*

Par miracle, la guerre éclate avant le retour à la loi de deux ans et à un moment diplomatique excellent pour nous. L'Allemagne commet une faute énorme dont nous saurons profiter, je l'espère. La France se souvient qu'elle est la France et marche comme un seul homme. L'Angleterre, après avoir bien calculé son intérêt, se joint à nous. L'Italie, en dépit de ses alliances, songe déjà à en faire autant. Nous sommes donc en assez bonne posture. — Mais il ne faudrait pas vendre la peau de l'ours, ni trop nous féliciter. Allons-y ferme et dur. Montrons par nous-mêmes ce que nous savons faire, que la nation continue — comme elle a commencé depuis quelques jours — à faire preuve de courage et de discipline. Prouvons enfin que nous ne sommes pas un peuple de vaincus, et que si nous gardons quarante-quatre ans une gifle, nous pouvons la rendre terrible quand nous le voulons. Alors seulement nous nous consolerons par d'autres formules que des *Gloria victis!*

Je souhaite ardemment d'être de ceux qui mettront le pied sur la terre germaine, derrière les tambours et les clairons, ou bien de ceux qui mourront pour leur pays. Si ce bonheur m'est refusé, je me contenterai d'exécuter la tâche qui me sera assignée — et je saurai me rendre utile de mon mieux.

Avez-vous des nouvelles de Suzanne? Paul doit avoir beaucoup de travail, si j'en juge par moi : on parlait d'une descente des Anglais à Dieppe, — mais il est probable qu'ils débarqueront en Belgique ou en Hollande.

Naturellement et fort heureusement on ne connaît pas la place actuelle des régiments.

Je me demande où sont tous mes amis déjà partis. Bientôt vont commencer les défilés de blessés, de prisonniers, de malades. Pourvu que le pays conserve son enthousiasme! Je ne puis m'empêcher de penser que ce sont les mêmes

citoyens qui ont chanté la *Carmagnole* et crié :
« Vive l'Empereur ! », les mêmes qui ont fait la
Commune et applaudi Boulanger, les mêmes
qui, hier, mettaient le drapeau dans le fumier et
aujourd'hui l'agitent au-dessus de leur tête ; avec
ces sacrés Français on ne sait jamais à quoi il
faut s'attendre ! Enfin, nous verrons bien.

Au revoir, mon cher papa.

Je t'embrasse de tout mon cœur ainsi que
maman.

Votre fils qui vous aime,

JEAN.

Dimanche soir
[9 août 1914, reçue le 12].

MA CHÈRE MAMAN,

Je trouve ta dépêche, ce soir, en revenant de
dîner. Il est trop tard pour que je te réponde par
télégramme. N'avez-vous pas reçu mes dernières
lettres, notamment celles de vendredi soir ? Le
service postal est assez irrégulier en ce moment.
Si je pars — ce que j'ignore encore — ce ne sera
pas tout de suite. D'ailleurs, je vous aviserai
à temps, dès que je serai fixé. Pour l'instant je
n'ai besoin de rien. L'argent que papa m'a
envoyé m'a été plus que suffisant pour mes

achats préventifs. Je me suis procuré tout ce
qu'il me fallait et que je n'aurais pas trouvé
dans quelques jours. En outre, ces objets que tu
m'as fait adresser par Duran et Chancel complè-
tent admirablement mes provisions.

Sur les deux millions d'hommes déjà mobi-
lisés, il n'y en a encore qu'assez peu qui se
battent. Des régiments entiers, durant toute la
guerre, ne verront pas le feu. Du reste, si les
choses continuent à aller aussi bien pour nous,
je risque fort de ne pas partir vers la frontière.
J'attends toujours ma convocation pour passer
la visite médicale — il faudra encore d'autres
formalités après. Je crois que nous avons le
temps de respirer.

Un détail intéressant : si l'on veut de moi pour
servir mon pays les armes à la main, la préfecture continuera à me payer mon traitement —
de sorte que je ferai des économies, car je serai
logé et nourri, et puis on n'a pas l'occasion de
dépenser beaucoup sur les champs de bataille où
il n'y a rien à acheter.

Je vais maintenant à mon bureau dès huit
heures du matin jusqu'à sept ou neuf heures du
soir — même le dimanche. Je n'ai plus un
instant à moi. De plus, à tour de rôle, nous
passons la nuit dans le cabinet du directeur, en
permanence. Cela ne sert absolument à rien du

tout, entre parenthèses, — on n'a que fort rare-
ment besoin de nos services actuellement, car
on vient de simplifier les formalités d'assistance
avec grand'raison. Mais ce métier m'abrutit.

Ne t'inquiète donc pas sur mon compte, ma
chère maman. Dès que je saurai quelque chose,
je t'avertirai. Je vais t'envoyer une dépêche
demain matin pour qu'elle arrive avant cette
lettre.

Mille baisers de ton fils,

JEAN.

P.-S. — Avez-vous des nouvelles de Suzanne ?

Jeudi, 13 août 1914.

MON CHER PAPA,

Je viens de recevoir tout à l'heure ta lettre
du 10. Il se peut qu'une fois la mobilisation ter-
minée la poste sera plus rapide, mais les retards
doivent, je pense, être attribués surtout à la
réduction du personnel. Les lettres des soldats
sont celles qui mettent le plus de temps à venir ;
encore sont-elles tronquées, la plupart du temps,
car on supprime tous les renseignements qu'elles
contiennent sur la situation des régiments.

On commence, à Paris, à recevoir des médailles

4

de « morts au champ d'honneur ». Les régiments de couverture et de première ligne sont, en effet, presque tous composés de contingents parisiens, mais la population reste fort calme et pleine d'entrain. Il ne se produira point de troubles comme en 70 — troubles excusables, d'ailleurs, dans une certaine mesure, car le moral d'une ville longtemps assiégée n'est pas le même que celui d'une ville du Centre ou du Midi, hors des atteintes de l'ennemi.

Si les Allemands réussissent à forcer les lignes françaises en Belgique, il est possible qu'ils s'avancent dans l'intérieur du pays. Ils ont groupé des forces énormes et sacrifient tout pour passer. Mais le cas est prévu et l'on a pris les dispositions nécessaires. L'Allemagne possède une armée très forte et ce ne sera pas un jeu de la repousser. Nos officiers et nos soldats sont meilleurs (ainsi que permettent d'en juger nos premiers combats d'avant-garde), mais ils sont moins nombreux. Je crois pourtant que de toutes façons nous finirons par être vainqueurs.

J'ai passé ce matin une première visite médicale qui me permet de me présenter après-demain devant la commission de réforme. Si je suis pris, je partirai lundi ou mardi vers une destination inconnue. Je ne retournerai point au 57°, à moins d'un hasard. Je serai soldat, caporal ou sergent suivant que les cadres de mon régiment seront plus ou moins au complet. Mais cela n'a que peu d'importance, étant donné que l'avancement est rapide en temps de guerre. J'ai déjà porté le sac, il ne m'effraie pas.

Peut-être fera-t-on des difficultés à cause de mes yeux — bien que je sois un ancien tireur de première classe. J'attendrais alors pour me présenter devant une autre commission et cela retarderait mon départ.

Remercie maman pour la ceinture en peau, qui est extrêmement pratique. Je n'ai plus besoin d'argent. Si je vais à l'armée, je continuerai à toucher encore mon traitement.

Au revoir, mon cher papa.

Je vous embrasse tous les deux de tout mon cœur.

  Ton fils,

       JEAN.

Paris, samedi soir, 15 août 1914.

MA CHÈRE MAMAN,

Je ne pars pas encore pour la guerre. La commission de contre-réforme devant laquelle je me suis présenté ce matin a trouvé que je n'y voyais pas suffisamment. C'est ridicule puisque ma vue, qui n'a pas bougé (je me suis fait examiner tout dernièrement à l'hôpital Beaujon), était assez bonne naguère pour me permettre de me présenter à Saint-Maixent. Mais on ne m'a pas laissé m'expliquer sur ce point.

Si les rôles étaient renversés, si j'avais argué de ma myopie pour ne pas partir, il est probable que la commission aurait estimé ce motif non valable. Et c'est ce qui se produira sans doute lorsque l'autorité militaire aura besoin de soldats et qu'elle convoquera les réformés. Je serai censé avoir intérêt, en principe, à ne pas y voir, et alors on jugera que j'y vois assez. D'ailleurs, j'ai eu soin de déposer ma demande de réintégration auprès de deux bureaux de recrutement, au deuxième et au troisième. Le deuxième (porte de Passy) m'a débouté ce matin, le troisième (porte de Châtillon) m'examinera un de ces jours et peut-être la commission prendra-t-elle une décision différente. En mon âme et conscience, j'ai le sentiment que je puis faire un bon soldat. Je suis maigre et endurant comme un Arabe, patient et sobre, bon marcheur et bon tireur; mon devoir est d'insister jusqu'au bout. En outre, j'ai là une occasion de voir du pays, de sortir de mon existence ordinaire, de courir quelque danger. Je serais désolé de la perdre.

Ne t'inquiète pas au sujet de ma vaccination.

Tout le personnel de la Préfecture sera vacciné demain lundi.

Jusqu'ici nos affaires ont l'air de ne pas aller trop mal. L'armée allemande semble un peu désemparée. Mais, en réalité, nous ne savons rien.

Le Tsar de toutes les Russies vient d'accorder son autonomie à la Pologne. C'est fort habile sous un aspect généreux. Puisse-t-on faire de même pour la Bohême! « Roi de Bohême, eh bien, vous êtes familier! » La géographie sera plus compliquée pour nos enfants, mais aussi beaucoup plus amusante. Ce point de vue ne doit pas être écarté, même dans les circonstances les plus graves.

Paris est très calme. Les gens paraissent avoir toujours vécu en temps de guerre et chacun garde bon espoir.

Au revoir, ma chère maman.

Mille baisers de ton fils,

JEAN.

Baisers, aussi, à papa et amitiés aux parents présents [Louis Goudard et Bernard Malan].

Mardi soir, 18 août 1914.

MON CHER PAPA,

Je te remercie de ta lettre reçue ce matin, qui me donne des renseignements sur vous, sur Suzanne et sur les jeunes Mathivet. J'espère que le petit Pierre va se remettre tout à fait de ses fatigues et je suis heureux de vous savoir réunis.

J'ai été, cet après-midi, au troisième bureau de recrutement, où, après avoir attendu longtemps, j'ai pu me faire examiner par deux médecins militaires, très aimables, dont l'un (réserviste) avait l'air d'un bonhomme assez calé. Ils m'ont palpé, ausculté pendant un bon moment. Puis ils m'ont dit que je remplissais bien les conditions théoriques pour être réintégré dans le service armé (largeur de poitrine, etc.), mais qu'étant trop nerveux et n'ayant aucune réserve de graisse, je ne devais pas partir en ce moment. Je pourrais tenir quelques jours fort bien en vivant sur mes nerfs — mais après je serais fichu. Ils se sont donc refusés à me prendre — ajoutant que je devrais revenir les voir au bout de quelques jours. Alors on aura besoin d'instructeurs pour les conscrits, et je pourrai rendre de réels services tout en m'entraînant moi-même.

Puis ils m'ont serré très gentiment la main en me recommandant de suivre leurs conseils et de ne pas aller m'engager ailleurs. Ce serait une bêtise inutile.

Ces paroles amicales, à la suite d'un examen minutieux et approfondi de ma personne, ne m'ont point paru dépourvues de sens. Malgré ma rage impuissante d'être obligé d'attendre encore, j'aurai sans doute raison de ne pas m'obstiner et d'écouter les gens plus compétents que moi. Mon tour viendra de faire mon devoir quand les circonstances le permettront.

Dis à maman que j'ai été vacciné hier à la Préfecture. Les vaccins n'ont pas pris, — ils ne prennent jamais sur moi.

La vie est follement intéressante en ce moment — même pour ceux qui restent derrière le décor. D'ailleurs, ceux qui l'ont devant, peuvent-ils voir davantage?

On nous donne des nouvelles au compte-gouttes, pour tromper notre soif. Hier on a exhibé le premier drapeau pris à l'ennemi. Toute la nuit les projecteurs de la Tour Eiffel et des forts des environs éclairent le ciel pour protéger Paris des aéroplanes et des dirigeables ennemis. On se prépare même à la défaite, on prévoit tout, même le siège de Paris. Le parc Monceau est transformé en pâturages à bestiaux. On creuse des tranchées dans la vallée de Chevreuse. Les fusiliers marins font la joie des habitants.

Au revoir, mon cher papa.

Je vous embrasse tous de tout mon cœur.

JEAN.

Paris, le 19 août 1914.

MA CHÈRE MAMAN,

Je viens de relire ta lettre que je n'avais pu que parcourir ce matin avant d'aller à mon bureau — triste destinée que d'aller à un bureau quand « ça pète » à la frontière. Enfin, mon tour viendra bien !

Je me suis fait vacciner avant-hier, contre la variole. Quant au vaccin contre le typhus, c'est un remède très discuté. Les infirmiers des hôpitaux refusent d'en user, plusieurs d'entre eux ayant attrapé la typhoïde avec ce système. Les médecins sont divisés en deux classes à ce sujet — pour et contre. Le mieux est de vivre d'une façon hygiénique.

La plupart de mes amis sont partis. L'un, sergent de réserve (mon éditeur), est resté au dépôt de sa compagnie, à Langres, avec un commencement d'appendicite. Un autre est tringlot, je ne sais où ; un autre, lieutenant de génie à Namur; un autre, *tuberculeux*, sous-lieutenant en Alsace. Il nous a écrit qu'il s'était battu à Mulhouse, d'où son régiment aurait été repoussé avec pertes. Nous souhaitons qu'il reçoive bien vite une balle dans le bras ou dans la jambe gauche qui lui permette de revenir se soigner, sinon il est perdu. Mon ami et ancien lieutenant, le capitaine Frey, qui fit sa licence d'histoire à Bordeaux un an avant moi, se trouve, ou plutôt se trouvait, à Toul. Étant le plus jeune capitaine de la garnison, l'honneur lui revenait d'occuper, dès la déclaration, avec sa compagnie un point stratégique de la frontière surnommé « Cercueil » en raison du sort présumé de ses défenseurs. Il ne doit pas rester grand'chose de mon ami Frey, aujourd'hui — peut-être, tout au plus, le manuel d'Épictète qu'il se flattait de lire dans le texte.

J'admire, comme toi, l'attitude de la France en ce moment. Le Français est né soldat. Nous serons vainqueurs, non seulement parce que nous sommes dans notre droit, mais parce que, ainsi que les troupes de la Révolution, nous avons un canon supérieur à celui de l'ennemi. Valmy et Jemmapes ont été gagnées grâce à l'artillerie de Gribeauval et à l'entraînement des vieilles troupes royales qui faisaient le fond de l'armée et entraînaient les recrues. C'est moins

beau que la légende, mais c'est plus vrai. Nous
avons pu aujourd'hui arrêter l'attaque brusquée
de l'Allemagne grâce à la loi de trois ans qui a
renforcé les troupes de couverture. Le canon
de 75, qui est une petite merveille, ajoute énormément au moral des soldats, bien chaussés et bien
nourris. Il ne suffit pas, malheureusement, de
chanter la *Marseillaise,* si, comme les mobiles
de 70-71, on ne sait pas tenir un fusil.

J'attends avec anxiété la grande bataille. Elle
sera longue, très longue, sans doute, et l'on ne
saura pas tout de suite de quel côté sera l'avantage. L'important est que nous tenions assez
longtemps pour laisser nos bons amis les Russes
prendre les Allemands par derrière. Je connais
des Polonais russes, des Polonais allemands et
des Polonais autrichiens (dont un officier autri-
chien). Ils sont pleins de joie des promesses du
Tsar qui est incapable de ne pas tenir sa parole.
Les Cosaques ne valent pas grand'chose, paraît-il,
comme tireurs (dans toutes les armées du monde
on dit : tirer comme un Cosaque), mais ils n'ont
pas leurs pareils pour dévaster un pays ingé-
nument. Ils brûlent, pour s'amuser, tout ce
qu'ils ne peuvent pas manger et rient de plaisir
dans leurs barbes rouges. Lors des grandes
manœuvres, en Russie, on les tient au moins à
10 kilomètres des troupes régulières — et l'on

prévient les habitants d'enterrer tout ce qu'ils possèdent. Ils combattent, du reste, selon leur fantaisie et n'obéissent à personne. On a beau en tuer, il en vient toujours, à cheval sur de petits chevaux au poil long. Ils sont vingt fois plus féroces que les Prussiens, mais beaucoup plus amusants. Je rêve d'une occupation de Berlin par les Cosaques, les tirailleurs sénégalais et les « Joyeux ». L'autre jour, un grand nègre venait s'engager à mon bureau de recrutement. On ne pouvait plus s'en débarrasser. Il répétait en sautillant de joie : « Couper têtes Pruscos, couper têtes Pruscos ! » En 70, les turcos qui ne furent pas tués à Wissembourg, rapportèrent à leurs bonnes amies des colliers d'oreilles et de nez allemands. Les paysans prussiens restent persuadés que ce sont des anthropophages. Toutes les silhouettes de tir, en Allemagne, représentent des zouaves ou des turcos pour habituer les soldats à leur vue.

Sous prétexte de renforcer le service d'ordre (mais en réalité, je crois, pour augmenter la garnison de Paris de troupes d'élite), on a fait venir ici des fusiliers marins. Ces défenseurs de l'ordre se promènent en bandes dans les rues, le soir, zigzaguent d'un trottoir à l'autre, chatouillent les femmes et embrassent les passants. Hier, l'un d'eux qui était à moitié ivre, m'a pris

par le bras et m'a demandé à brûle-pourpoint :
« Veux-tu que je fasse le saut périlleux en avant,
en arrière ou en équilibre sur le côté? » Comme
je riais, il a cru que je doutais de sa valeur, et,
sans deux sergents de ville qui l'ont attrapé à
temps dans l'espace, il se fracassait la tête sur
le bitume.

Il passe dans les rues d'interminables trains
d'artillerie, des fourgons, des ambulances, pendant des heures. L'autre jour, des marsouins
défilaient avec de grands couteaux de boucher
sur leurs sacs. Ils ont remarqué en Afrique que
la baïonnette se tord et devient hors d'usage dès
qu'on a transpercé un ennemi — alors ils y vont
du couteau. Nos colonies nous valent ainsi des
soldats aguerris et terribles, des enfants perdus
que l'on sacrifie lors d'un « coup de chien » —
mais qui démoralisent l'adversaire et, en cas de
victoire, peuvent changer une retraite en déroute
épouvantée.

Moi qui n'ai jamais eu la chance, jusqu'ici, de
pouvoir réaliser mes grands désirs, je reste à me
morfondre dans un Paris désert et calme. Et je
me contente de relire les journaux, le matin.

Au revoir, ma chère maman, je vous embrasse
tous de tout mon cœur, petits et grands.

Jean.

25 août 1914.

MA CHÈRE MAMAN,

Merci pour ta bonne et réconfortante lettre. Je
l'ai eue ce matin, en même temps que les journaux que je déplie chaque fois avec une certaine
angoisse. Les choses ne vont pas toutes seules
en ce moment. Comme je te le disais dans une
première lettre, nous sommes prêts, mais pas
autant qu'il l'aurait fallu. Les forteresses récla-
mées depuis si longtemps à notre frontière du
Nord nous font défaut aujourd'hui. On établit en
hâte des fortifications de fortune autour de Paris
— j'espère qu'on n'aura pas à s'en servir. Mais
la situation est extrêmement grave.

Notre défaite en Lorraine n'a peut-être pas
une très grande importance — nous sommes
appuyés solidement par derrière, grâce aux forts
de Toul, etc... La grosse partie se joue dans le
Nord — et nous n'avons pas gagné la première
manche. Il ne s'agit pas de se décourager, mais
les communiqués officiels, pleins de réticences
et de maladresses, sont assez inquiétants. L'un
d'eux a déjà failli nous brouiller avec la Belgique.
Il trouvait *agréable de constater* (au sujet de la
prise de Bruxelles) que le sol français n'avait pas
encore été foulé par l'ennemi.

Avant-hier il y a eu panique à la Chambre. Le bruit courait au Palais-Bourbon que quatre corps d'armée français étaient enveloppés en Belgique et le reste défait. Les députés assiégeaient le cabi net de Viviani pour avoir des renseignements. Viviani ne voulait répondre à personne. Le soir, seulement, la nouvelle a été démentie.

La mobilisation s'est bien faite, mais il manque des équipements. Des réservistes partis le premier jour ne sont pas encore habillés. Malgré le gros effort tenté depuis environ trois ans, il restait encore bien des choses à faire. Et l'Allemagne ne cessait de se préparer depuis la dernière guerre.

Au point de vue *moral*, il y a aussi quelques désillusions. La déroute d'une division provençale, abandonnant ses armes, ses canons et ses drapeaux sur le champ de bataille, n'a rien de glorieux.

En ce qui me concerne, je crois qu'on acceptera mes services avant trop longtemps. La véritable raison pour laquelle on refuse tant de gens est que l'on ne sait comment les équiper.

Au revoir, ma chère maman. J'espère que les bonnes nouvelles nous seront parvenues avant que tu reçoives cette lettre. La population parisienne demeure très calme.

Je vous embrasse de tout mon cœur.

Ton fils,

JEAN.

Dimanche, 3o août 1914.

Mon cher Papa,

Voici une lettre que je te devais depuis plusieurs jours déjà. J'espère que tu n'es pas inquiet sur mon sort. Les Allemands entrent en France comme une épingle dans du beurre, mais ils ne sont encore qu'à mi-chemin de Paris qui se prépare à l'éventualité d'un investissement. Nos soldats ont le temps d'être vainqueurs d'ici là — si on les repousse. Mais on continue à renvoyer des territoriaux dans leurs foyers.

En attendant, on continue dans les communiqués officiels à nous dire que nous tenons bon, que le moral est excellent, etc... Il est impossible de ne pas penser aux communiqués du second Empire : « Nos troupes se sont repliées en bon ordre. » Par contre, on publie chaque jour des faits de guerre étonnants. Les Allemands s'enfuient devant les baïonnettes — quatre hussards français mettent en déroute une compagnie de uhlans, les Prussiens n'ont pas de quoi manger...
— C'est possible, mais ils ne s'arrêtent pas d'avancer. Les fortifications à la Vauban de nos frontières du Nord ne les ont guère gênés — et notre excellent canon de campagne, s'il leur tue beaucoup de monde, ne peut pas grand'chose

contre leur artillerie lourde. Sans les Russes (qui ne passeront pas facilement l'Oder) et sans les Anglais, il est fort probable que nous serions déjà en bouillie.

Il est sans doute inopportun d'accuser le gouvernement ou plutôt les gouvernements successifs qui ont pu croire que l'on improvisait une guerre. Mais il est désagréable de constater que 1870 a surtout servi aux Allemands. Après leur défaite en Mandchourie, les Russes, en quelques années, sont devenus une puissance militaire très forte, complètement réorganisée. Nous, nous avons fait de la politique — et nous continuerons. On n'ose même pas appeler les choses par leur nom — et l'on interdit en France la vente du *Times* parce que le *Times* dit tranquillement « les armées vaincues » en parlant des armées françaises et anglaises.

Pendant six mois, à Londres, pendant la guerre du Transvaal, on a affiché chaque jour le nom des morts et des blessés. Chaque jour on envoyait mille chevaux en Afrique — la moitié mouraient en route et le reste en arrivant. Chaque jour on annonçait une nouvelle défaite des troupes anglaises. Personne ne s'émouvait outre mesure et personne ne faisait des phrases. Un de mes amis qui se trouvait là-bas à cette époque, m'a rapporté ce seul mot d'un vieil Anglais qui apprenait que le général boer Dewett avait encore une fois rossé les soldats de la reine : « What a beautiful sportsman ! » (Quel splendide sportsman !) Et il continuait à fumer sa pipe, sachant bien que la Grande-Bretagne doit toujours finir par vaincre.

Aujourd'hui, en France, la censure supprime, dans la proclamation du général Kitchener, une phrase disant que la guerre pourrait bien durer six ou sept mois. Par contre, les affiches apposées sur tous les murs de Londres pour demander des volontaires portent textuellement : « Dans le cas où la guerre durerait plus de trois ans, les volontaires pourront retourner dans leurs foyers au bout de la troisième année — à moins qu'ils ne désirent contracter un autre engagement. » Pourquoi toujours, chez nous, cette peur de parler franchement aux gens ? La foule est, pourtant, extrêmement calme et résolue — à part les boutiquiers et les bistros qui se lamentent. On se promène le soir dans les rues en regardant le ciel pour voir s'il y viendra un zeppelin comme au-dessus d'Anvers. Et les vieilles gens rappellent comment, pendant le dernier siège, on reconnaissait d'après leur son les canons du mont Valérien et ceux des autres forts.

Je ne récrimine pas, je constate. J'aime trop mon pays pour ne pas être absolument loyaliste en ce moment. J'ajouterai seulement qu'il est fort heureux que nous n'ayons pas un empereur qui nous fournisse le prétexte de faire une révolution devant l'ennemi — pour sa grande joie.

D'ailleurs, j'ai bon espoir pour la suite et je continue de graisser mes souliers de guerre — en attendant qu'on accepte mes loyaux services dans les tranchées, dans un fort, sur les champs de bataille ou dans une caserne, suivant les cas.

Au revoir, mon cher papa.

Baisers à tout le monde de

JEAN.

P.-S. — Envoyez-moi de vos nouvelles et de celles du petit Pierre, mon neveu. Dis à maman que je fais de la *suralimentation*.

---

2 septembre 1914.

MA CHÈRE MAMAN,

Il y a bien longtemps que je n'ai eu de vos nouvelles. J'espère que tout va bien à la maison, mais écrivez-moi parce que je ne sais pas si bientôt nous pourrons encore recevoir des lettres.

Voilà de nouveau Bordeaux capitale de la France — car je suppose que c'est pour Bordeaux et non pas pour Tours, comme on disait, que le gouvernement est parti. Ici le spectacle est magnifique. L'après-midi, les fusiliers marins et les gardes municipaux tirent contre les aéroplanes allemands. La foule, habituée à la pétarade, reste le nez en l'air, dans l'espoir de voir dégringoler un Prussien. Il tombe des bombes un peu partout, mais elles ne font pas de mal.

Depuis neuf heures du soir jusqu'à ce matin sept heures, des régiments de marche africains (la valeur d'un corps d'armée environ) ont traversé Paris sur le boulevard Saint-Michel. Des turcos, des spahis, des zouaves, des tringlots arabes, toutes sortes de soldats invraisemblables ont défilé. Les nègres avaient le plus grand succès; — on distribuait des cigarettes, du chocolat, des bouteilles de vin. Une vieille concierge a embrassé au passage trois ou quatre cents turcos, qui riaient en montrant leurs dents. Je n'ai jamais rien vu de si pittoresque que cette horde de sauvages; — il y avait de tout jeunes gars et de vieux Arabes aux cheveux blancs, des mulets, des ânes africains, des chevaux efflanqués et hauts sur pattes. Leur équipement semblait un peu improvisé.

Des femmes et des enfants continuent à assiéger les gares. Il n'y a pourtant aucun danger, mais il vaut mieux que les bouches inutiles s'en aillent.

On a fortifié jusqu'aux portes de Paris; des banquettes ont été établies sur les fortifications et les arbres du bois de Boulogne sont en partie abattus. Toute la banlieue est coupée de tranchées. Jusqu'à de vieux canons retrouvés je ne sais où qu'on trimbale vers l'enceinte.

Pour moi, je reste à mon poste. On va me payer mon traitement jusqu'à la fin novembre, car la caisse municipale a dû être placée en lieu sûr. D'ailleurs, je suis inscrit à la place pour servir comme sous-officier dans un bataillon en formation. Peut-être irai-je dans un fort, — je ne suis pas encore fixé. En tout cas, je continuerai jusqu'à nouvel ordre à me rendre utile à mon bureau.

Au revoir, chère maman. Mille baisers à tous.

JEAN.

———

Dimanche, 6 septembre 1914.

MON CHER PAPA,

Paris est en train de devenir une ville bien agréable. Plus d'autobus, presque plus de passants. Nous sommes débarrassés du gouvernement, des journaux, des agences d'information, des beaux parleurs et des gens importants. De votre côté, je pense que vous devez commencer à vous trouver encombrés par tout ce monde, tant à l'Hôtel de Ville qu'ailleurs.

Aujourd'hui dimanche, j'ai mon premier jour de congé depuis la mobilisation. Ouf! je commençais à avoir besoin de me dérouiller les jambes! Hier encore je suis resté jusqu'à neuf heures à mon bureau, à côté d'un seau d'eau apporté par le pompier de service et destiné à éteindre les commencements d'incendie provoqués par les bombes. (L'administration m'apparaît sous un jour nouveau, plus humoristique.)

Profitant donc de ma liberté provisoire, j'ai poussé jusqu'aux fortifications. Toutes les routes conduisant à Paris sont coupées d'énormes tranchées. Les talus des bastions sont aménagés en banquettes pour le tir de l'infanterie. On a rasé une partie de la banlieue, coupé des arbres, démoli les maisons. Ça ressemble, si l'on veut, à de vieilles gravures du siège de Sébastopol, à un décor pour cinéma, ou aux travaux de défense de Tarascon.

La nuit, les réverbères sont éteints afin de dissimuler aux avions ou zeppelins ennemis le mouvement des troupes dans Paris et d'empêcher les ponts d'être repérés. La Seine, Notre-Dame et la Cité, sans lumières, sans même un falot, deviennent des promenades imprévues et délicieuses sous le clair de lune. On s'aperçoit enfin qu'il y a un ciel et des étoiles au-dessus de Paris, comme au temps de la Tour de Nesle.

6

Il passe toujours des troupes nombreuses et étranges, par les rues. Tel Artaxercès, je me désole à la pensée que ces guerriers seront morts dans un siècle, sinon plus tôt. Les Anglais fument de petites pipes et ont l'air en excursion. Avant-hier, un immense capitaine de Cosaques, haut de 2 mètres et barbu, son yatagan placé en travers du ventre et son bonnet d'astrakan rejeté en arrière, a rempli les foules d'enthousiasme et d'admiration. Depuis lors, le bruit circule que l'on va recevoir des renforts considérables de Russes, de Japonais, de Zoulous, de Boers et de Cipayes. Jusqu'au petit épicier de Montrouge dont l'existence devient légendaire et héroïque. Il parle bataille avec son voisin et discute sur l'opportunité de livrer des combats de rue.

La vieille tante d'un de mes collègues préparait l'autre jour son lait de poule dans sa cuisine. Elle a eu la joue percée par une balle de Lebel tirée au loin contre un aéroplane. Elle a fait monter l'objet en broche et la garde comme un précieux souvenir du siège.

Malheureusement les Prussiens n'ont pas l'air d'arriver. Les froussards en sont aussi désappointés que les héros de café. La situation deviendrait comique sans ce défilé perpétuel de paysans traînant leur famille et leurs meubles sur de petites charrettes, sans tous les malheureux fuyant depuis la Belgique devant les Barbares et qui rappellent les gravures de Callot sur les malheurs de la guerre.

Quant à moi, je commence à être las de faire preuve de courage civique et administratif. Il me tarde de montrer mon courage militaire et d'abandonner le grattoir pour le fusil. J'irai voir mon major demain matin, à six heures, pour savoir si je peux servir comme instructeur dans une caserne ou comme défenseur dans un fort. Du reste, j'attends aussi d'être convoqué par la Place, au sujet de la demande que j'ai faite l'autre jour.

J'ai appris avec peine la mort du lieutenant Larchey, fils du général ; — je crois que c'est ton ancien élève, car il n'y avait, me semble-t-il, qu'un garçon et qu'une fille dans la famille.

D'après un renseignement du fils Barde, on serait sans nouvelles de Cathala qui a pris part au combat de Charleroi où le 57ᵉ a énormément souffert. (On croit même qu'il y aurait été tué.) Dis-moi si tu sais quelque chose sur son compte.

Au revoir, mon cher papa. Je t'embrasse de tout mon cœur, ainsi que maman et Suzanne à qui je vais écrire. D'ailleurs, mes lettres sont pour vous tous à la fois.

Ton fils qui t'aime,

JEAN,

Mardi.

8 7b 1916

Ma chère maman,

J'ai tellement mangé tous
ces derniers temps que bien vous voyez que la
trouve appétit que si à autrui à continuer
en songeant tous de suite en le genre.

Comme j'ai vais le choix de mon repas, j'ai
fait le 87m. Je sois aller chercher ma feuille
a torre à peu demain ; à 4 heures, aux
Invalides. Je t'envoie ...

... ici à la Rochelle (ce que je ne crois pas.)

Il est probable que le matériel (c'est appel long.
, temps au ralenti d'installation — dans ton
en cours Ê vous aviseai dès m'en arriver .

Or le tout terriblement en ce moment
Très bien ce bonne — je vais vous laisser le
crois cela ninax que moi .

Je vous prie bien embrasser ton
au camp ton Denis

Texte de la reproduction du fac-simile des pages précédentes (56 et 57) :

Mardi, 8 septembre 1914.

MA CHÈRE MAMAN,

J'ai tellement mangé tous ces derniers temps que, hier, mon major m'a trouvé assez gras et m'a autorisé à contracter un engagement pour la durée de la guerre. Comme j'avais le choix de mon régiment, j'ai pris le 57ᵉ. Je dois aller chercher ma feuille de route après-demain, à quatre heures, aux Invalides. Je serai sans doute dirigé sur Libourne (à moins que le dépôt ne soit à La Rochelle, ce que je ne crois pas). Il est probable que je resterai là assez longtemps en qualité d'instructeur. Dans tous les cas, je vous aviserai dès mon arrivée.

On se bat terriblement en ce moment tout près de Paris, — mais vous savez les nouvelles mieux que moi.

J'espère vous embrasser tous avant peu.

JEAN.

12-9-14.

Mme H. DE LA VILLE DE MIRMONT,
15, rue de Caudéran, Bordeaux.

J'arrive à Libourne après un plutôt long voyage. Tout va bien. Je t'écrirai plus longuement demain.

Sergent DE MIRMONT,
57° rég^t de ligne,
29° Cie, Libourne.

Dimanche, 13 septembre 1914.

MON CHER PAPA,

J'ai rejoint hier, dans l'après-midi, mon régiment à Libourne, après un voyage d'environ vingt-quatre heures (ce qui n'est pas exagéré en ce moment) dans un wagon de modèle antique où le tapage des voyageurs m'empêcha de dormir. Nous traînions en queue deux convois de prisonniers prussiens à la figure bête et enfantine, qui sentaient mauvais. Nous avons croisé dans les gares des troupes anglaises, artillerie et infanterie.

Le 57° m'a reçu à bras ouverts bien que je

n'y aie retrouvé aucune figure connue. Pourtant
l'adjudant de ma compagnie (un réserviste) est
un de tes anciens élèves, ainsi qu'un sergent et un
caporal, également réservistes. On m'a rendu tout
de suite mes galons de sergent et je me trouve
dans une situation assez spéciale. Engagé pour la
durée de la guerre, je suis en effet un des seuls
sous-officiers faisant partie de l'armée active;
tous les autres sont réservistes ou territoriaux.
Nous ne savons pas encore si nous servirons de
cadre à une promotion nouvelle ou si nous
irons, par petits paquets, boucher les trous sur
le front. En attendant, nous allons instruire les
bleus et faire un service de campagne avec la
réserve. En tant qu' « armée active », je ne serai
pas des derniers à partir.

J'ai laissé Paris en excellent état et plein d'espoir.
Quelques instants avant mon départ j'ai vu Paul,
très bien en son uniforme d'officier d'intendance.
Il n'avait pas reçu de lettres de Bordeaux depuis
environ quinze jours — à cause de ses déplace-
ments continuels. J'ai pu lui donner, d'après vos
dernières informations, de bonnes nouvelles
du petit garçon.

Nous avons ici beaucoup de blessés de bonne
humeur. L'un d'eux a eu la tête complètement
traversée de droite à gauche par une balle, un
peu au-dessous de l'oreille. Il n'en garde qu'une

légère brûlure sur la langue. Les fusils modernes ne tuant que si la balle rencontre le
cœur, la vessie ou quelque organe de ce
genre, — les blessures, aseptisées, ne font que
peu souffrir.

D'après les dernières nouvelles, nos affaires
ont l'air d'aller assez bien. Je n'aurai plus grand
chose à faire pour mon compte.

Libourne n'est pas un endroit désagréable,
et j'ai été heureux de retrouver l'affabilité des
Girondins. On raconte dans les cafés autant
d'absurdités qu'à Paris, mais sur un ton moins
définitif et moins autorisé.

Au revoir, mon cher papa. Je vous embrasse
tous de tout mon cœur. Mon adresse est celle-ci :
sergent de Mirmont, 57ᵉ de ligne, 29ᵉ compagnie
(logée à l'ancien hôpital). J'ai pris une chambre
en ville, à côté du dit hôpital. Je ne puis espérer
avoir une permission pour aller à Bordeaux,
étant données les circonstances. Mais si quelques-uns d'entre vous peuvent pousser jusqu'à
Libourne, je suis libre à partir de cinq heures du
soir et je pourrais vous offrir à dîner dans un
restaurant de l'endroit, étant cousu d'or pour
longtemps.

Ton fils,

J. DE MIRMONT.

7

I

Dès le lendemain, 14 septembre, à une heure
de l'après-midi, sa mère et sa sœur descendaient
à la gare de Libourne, encombrée de soldats.
Jean ne pouvait y être : elles n'avaient pas eu le
temps de l'avertir. Cependant elles dévisageaient
tous les fantassins, dans leur impatience de le
revoir. Si, par hasard, il se trouvait là ! Chaque
galon de sergent leur donnait un battement de
cœur. Son adresse était vague : « une chambre
en ville, à côté de l'hôpital militaire ». Il faut,
d'abord, chercher l'hôpital. Un passant le leur
indique : c'est, en face, au delà des « allées de
Tourny », dans la petite rue tranquille, ce vieux
bâtiment devant lequel flotte le drapeau de la
Croix-Rouge. La façade, avec, à sa gauche,
l'église, forme un angle droit dans lequel s'en-
castre une petite place où les marronniers commencent à roussir et à perdre leurs feuilles. Sur
le haut perron, une sentinelle, l'arme au bras,
des soldats.

— Le sergent de Mirmont, s'il vous plaît?

— Il vient « juste » de sortir.

— Pouvez-vous nous dire où il loge?

— Tout près d'ici, mais nous ne savons pas exactement où.

Désappointées, elles laissent leur léger bagage dans l'épicerie en face et commencent leurs recherches. L'épicière leur indique plusieurs maisons du voisinage où sont logés des sous-officiers. Elles y frappent.

— Le sergent de Mirmont demeure-t-il ici?

— Comment est-il?

— Jeune, grand, brun, il est arrivé hier.

Mais tantôt le sergent est vieux, ou petit, ou blond, ou il est là depuis longtemps. Elles enragent. Penser qu'il est là, tout près d'elles et qu'elles ne peuvent pas le voir! Aussi, pourquoi tant se hâter! Demain elles auraient pu le prévenir, il serait venu les chercher à la gare. Oui, oui, mais s'il partait ce soir ou demain matin... et puis, ça presse, de le voir, ça presse, même, beaucoup. Elles ne le verront jamais assez tôt, jamais assez.

Elles prennent un gîte pour la nuit. La mère laisse la jeune femme se reposer pendant qu'elle retourne à la caserne donner son adresse et qu'elle continue vainement à chercher son fils.

Lorsqu'elle revient à l'« Hôtel du Globe » portant le goûter, il est avec sa sœur. Assis auprès

7.

de la fenêtre ouverte, leurs têtes brunes se déta-
chent, très nettes, sur le fond lumineux. Ils sont
là, tous deux, causant doucement, si unis, si
visiblement heureux de se revoir, si jeunes,
si inexprimablement chers! Vision ineffaçable.

Le voilà dans les bras de sa mère. Oui, c'est
vrai, il a engraissé. Les cheveux rasés lui donnent un air plus jeune : c'est le petit sergent
d'autrefois, mais avec, dans les yeux, une expres-
sion mâle et joyeuse, résolue et calme, qui n'y
était pas : son air de guerre, l'air de celui qui va
se donner pour la Patrie. Plus n'est question
d'uniforme en drap fin prenant bien la taille
cambrée, de képi seyant. La capote bâille au
cou, mais elle est neuve, solide : elle résistera à la
pluie, aux ronces ; les pantalons sont faits sur
mesure, amples, pour ne pas gêner les mouvements, dans la prévoyance du départ attendu,
désiré : les souliers, attentivement choisis, sont
déjà rompus pour les longues marches. Tout, en
lui, marque l'élan en avant, l'ardent besoin
d'aller défendre sa « grosse maman la France ».
Pas de phrases ni d'attendrissement. C'est bien
ainsi que devait devenir le petit garçon chimé-
rique : un homme sachant quitter ses rêves pour
courir à l'action, ou plutôt, faisant de ses rêves
la beauté, la réalité de sa vie.

— Je suis contente de toi, mon fils !

— « Mais, » répond-il, de ce petit air agacé et amusé à la fois qu'il avait lorsque sa pauvre maman de chair laissait trop voir sa partialité, « je n'ai rien fait que de très ordinaire ; c'était mon devoir strict, voilà tout. Et tous font comme moi. Comprends donc qu'en ce moment, et pour une telle cause, combattre, mais c'est un honneur et un bonheur que l'on ne peut laisser échapper !... A moins d'être un capon, bien entendu, mais tu ne penses pas que ton fils en soit un ! »

Ils prennent le thé en parlant des chers absents, de la guerre, des événements extraordinaires qui se préparent et qui vont bouleverser l'Europe. La mère lui rappelle la phrase qu'il répétait dans ses jours d'ennui : « Dieu, que la vie est quotidienne ! » Elle ne l'est plus, quotidienne, la vie !

On va voir sa chambre. Ce n'est pas *près* de l'ancien hôpital qu'il fallait dire, c'est *dans*, presque. Le mur d'angle de l'église contourné, on trouvait une humble petite porte sans marteau, s'ouvrant sur un jardinet de curé. Un escalier monacal montait, furtif, entre les hauts murs, en face de la porte de la sacristie, et l'on entrait dans une chambre assez vaste, au plafond délabré, ouverte sur le jardinet que bornaient, à gauche, le flanc de l'église, au fond, la partie

de l'hôpital où étaient les détenues du camp de
concentration. Un lit, trois chaises, une table de
nuit, un lavabo fait d'une table de bois blanc
recouverte d'une serviette avec une cuvette et un
pot à eau minuscules, sans seau ni broc; près
de la fenêtre, une troisième table surchargée
d'objets poussiéreux : photographies jaunies de
gens vilains, albums, poteries prétentieuses, vul-
gaires...

Jean ne voit rien de tout cela, lui, si délicat, si
sensible aux influences extérieures. Il vit dans
son rêve. La maison est convenable, il peut
y recevoir sa mère et sa sœur ; on y entend des
chants religieux et la voix profonde de l'orgue :
l'atmosphère est grave, recueillie comme pour une
veillée d'armes. Au loquet de la porte pendent la
musette et le bidon neufs. Ni plume ni encrier.
La théorie militaire est le seul livre de chevet de
cet enragé lettré qui n'est plus qu'un soldat impa-
tient de courir au combat.

Comme sa mère tenait sa chère main dans les
siennes :

— « Tiens, lui dit-il, prends cela pour que les
« Boches » ne me coupent pas le doigt », et il lui
tend la bague qu'il a voulu avoir pour ses vingt
et un ans, où sont gravées ses armes, si digne-
ment, si discrètement portées. Elle la passe à son
doigt.

Douce promenade au soleil déclinant, sur les bords de la rivière illuminée. Dîner intime dans la salle à manger bruyante de l'« Hôtel du Globe », rendez-vous de dragons et d'officiers avec leurs familles. On se dit adieu tout de suite après, le sergent s'étant levé de très grand matin.

II

Le mercredi suivant, 16 septembre, il était à la gare, attendant ses parents, son cher visage dépassant un peu les autres dans la foule. Ils remontent tous trois les rues ruisselantes de pantalons rouges, contournent la caserne où des soldats, anciens élèves de son père, le saluent. Les voilà dans la petite chambre austère, assis sur les trois seules chaises, causant intimement. La mère a porté à son cher soldat une montre à bracelet, fidèle et sûre. Petite, plate, elle ne gênera pas les mouvements, ne s'accrochera pas et se dissimulera fort bien sous la manche de la capote. Elle l'attache à son poignet gauche :

Elle te dira jour et nuit que je pense à toi.

Il est enchanté, un peu confus à cause de la dépense.

— Lorsque tu reviendras de la guerre, tu me la rendras et je t'en donnerai une autre, plus grande, plus belle, en or, ta montre d'homme, la montre de la victoire.

Au même moment il aperçoit sa bague à l'index de la main droite de sa mère. Alors son visage s'épanouit tout à fait, il sourit de son sourire encore enfantin, si doux, si tendre :

— Tu la garderas toujours à ton doigt, toi aussi ?

— Toujours.

Il montre en riant son couteau, donné par un humble collaborateur à la préfecture de la Seine, et sur lequel il y a écrit : « Mort à Guillaume ». Il cause avec son père. Ce qu'il dit est toujours fin, parfaitement original, volontiers paradoxal, même, pour faire « monter à l'échelle », mais jamais, jamais banal.

Avant de quitter la chambre, le père embrasse son enfant tendrement, longuement, plusieurs fois, pour ne pas le faire en public, plus tard, et pour lui dire — sans paroles — ce qu'il a à lui dire.

Comme ses parents ne peuvent pas, ce soir-là, dîner avec lui, Jean veut offrir quelque chose à son père et tous trois s'asseyent dans un café, sous les arcades de la place, en face du joli hôtel de ville.

Puis, lentement, ils regagnent la gare. Le sergent est très gai. Il parle du cher pays natal qu'il a été heureux de revoir, des Gascons, si avenants, si accueillants aux soldats, si « pince-sans-rire », de l'accent savoureux de «ceusses de la Flèche ».

Il rappelle certaines expressions que lui a dites son ami, le peintre bordelais Layacca.

— Un tel, il ne lèvera plus tant le museau, il a été vendu à la *trommpéte*.

Il rit, ses yeux rient aussi : c'est le Jean très jeune, étourdissant d'entrain, dont l'esprit, qui saisit tout, vous éblouit et vous charme, jusqu'à ce que, s'éteignant soudain, le rêveur reprenne sa place, repris d'un impérieux besoin de silence et de solitude.

On arrivait à la gare comme il disait cela. La claire journée de septembre s'achevait ; la petite gare était encombrée. Au-dessus de la foule le cher visage se détachait, rayonnant, vivant, superbement vivant.

III

La fois suivante, la mère revient seule. C'est
un dimanche; il y a plusieurs trains. Dans sa
hâte de revoir son fils, sans s'en rendre compte,
elle en a pris un qui arrive plus tôt que celui
par lequel il l'attend. Il n'est pas à la gare. A la
caserne, où on la connaît déjà, un soldat lui dit
qu'il a été se faire raser.

Elle monte dans sa chambre. Elle a porté des
fleurs, de quoi faire du thé, des gâteaux, des
serviettes, une nappe. Elle installe tout cela sur
la table, débarrassée de ses vilains ornements.
A peine a-t-elle fini que son soldat entre. Son
visage déçu s'épanouit aussitôt. Il a été la chercher au train habituel, naturellement. La dînette
l'amuse. Certes non, ils n'iront pas déambuler
dans les rues encombrées de monde. On est trop
bien à rester seuls ensemble, à causer.

Délicatement, il prend les fleurs, les respire.

— Elles sont du jardin?

— Oui, soignées pour toi.

Il aime les roses, surtout celles, plus « exquises » de l'arrière-saison et celles qui, épuisées, perdent leur parfum, laissent « choir leur beauté ». Il a soin qu'on n'enlève pas leurs pétales tombés, petites coupes pâlies, si belles en leurs attitudes lassées.

Il fallait de l'eau pour le thé. Il n'y en avait plus dans le pot à eau. Tranquillement le grand sergent enlève sa capote et descend en chercher à la fontaine, dans la rue.

La mère se récrie :

— C'est ainsi que tu es servi? Ne peux-tu appeler la femme?

— Bah! elle est maigre et faible. Je suis bien plus fort qu'elle.

— En voilà, une raison! Au moins exige un seau et un broc.

L'eau commence à bouillir. Ils causent doucement. Leurs cœurs sont pleins de choses qu'ils ne diront pas, qu'ils n'ont pas besoin de dire. Il montre avec amour sa musette, son quart en aluminium, sa gourde, le fusil dont il compte bien se servir pour « en découdre », lui aussi. Il en explique le maniement, promène le doigt de sa mère sur le fil de la baïonnette... Ce n'est plus un jeu, cette fois, c'est pour « de vrai » que son enfant va aller à la guerre et qu'il maniera cette arme terrible, qu'il l'enfoncera dans de la chair vivante. Elle frémit, soupèse le « flingot ». « Comme c'est lourd ! » Jean rit :

— Faible femme, va !

Avec quelle tendresse il dit cela ! C'est sa revanche de petit enfant, et c'est sa fierté et sa douceur, à elle, d'être la petite, la faible, l'ignorante, celle qu'il guide et qu'il craint de perdre dans les rues de Paris, celle qui ne peut pas l'embrasser, même en se mettant sur la pointe des pieds lorsqu'il lève la tête, celle à laquelle il révèle la littérature nouvelle, celle qu'il initie à toutes ses pensées d'homme. La maman protectrice, éducatrice, est devenue la protégée, l'élève, à laquelle il dit avec une indulgence amusée, si tendre :

— Comme tu es femme !

Et voyez-vous ces embarras, parce qu'il part pour la guerre ! Eh bien, la guerre, n'était-ce pas prévu ? Ne lui disait-elle pas sans cesse pour le rendre courageux, endurant, lorsqu'il était enfant : « Quand tu partiras pour la guerre... » C'est vrai, maintenant, il part pour la guerre. On dit ces choses sans y croire, et puis elles arrivent... Encore s'il la laissait l'embrasser tout son soûl, cette fois-ci, au moins ! Non. Si elle l'embrassait comme elle le désire, elle n'en finirait jamais ; elle ne pourrait plus détacher ses bras, elle le retiendrait, et il ne faut pas le retenir ; elle l'attendrirait, et il ne faut pas l'attendrir.

Mais il y a des choses qui doivent être dites.

— Si je suis blessé, je voudrais beaucoup être évacué à Bordeaux. Il y a des cartes d'évacuation préparées d'avance, cela m'a été affirmé (¹). Demande à papa de m'en faire faire une, je te prie.

C'est entendu. S'il est blessé, sa mère ira le chercher, le soignera. Elle lui parle de ses travaux littéraires qui sont sa fierté, de ses vers qu'elle aime tant, surtout parce qu'ils sont plus lui, encore, que sa prose; Elle y retrouve son petit et son grand enfant, toute la vie intime de son cœur. Dans sa prose, très châtiée, il se reprend, il se cache, il refoule son émotion. Le vers est la forme naturelle de sa pensée. Il sourit de cette manière maternelle et peu littéraire de juger ses œuvres.

— J'ai un volume de vers tout prêt; tu le trouveras sur la table de ma chambre, tu le publieras...

Ils goûtent. Les roses et les verveines soignées avec tant d'amour pour lui sentent bon. Ils sont ensemble...

Cependant elle trouve son fils amaigri. Il lui avoue qu'il est un peu fatigué, s'étant levé de

(¹) C'était un faux renseignement.

grand matin pour une marche et n'ayant pu faire sa sieste.

Alors elle a hâte de s'en aller, de le laisser dormir.

— Tu reviendras dimanche, n'est-ce pas? Mais tu devrais prendre un des premiers trains du matin afin de passer toute la journée avec moi. Nous déjeunerions ensemble. Autrement c'est trop court.

— Et je viendrai d'abord mercredi, avec Suzanne.

— Bien, je tâcherai d'être libre.

Les soldats se pressent devant eux, foule bruyante où éclate comme une fanfare joyeuse la couleur rouge des képis et des pantalons. Ils pensent : « Combien de ceux-là reviendront-ils? » Elle regarde son fils avec quel amour, quelle secrète angoisse, quelle fierté! Il lit dans sa pensée.

— Surtout, maman, lui dit-il, je t'en prie, ne va pas t'imaginer que je suis un héros. Vois tous ces soldats : ils partent simplement, sans phrases, parce que c'est le devoir le plus ordinaire. Et ce sont des ouvriers, des paysans. Songe donc : mourir pour la Patrie, mais c'est un honneur et un bonheur!

Elle ne répond pas. Elle constate délicieusement qu'elle n'a pas manqué sa vie, que son

fils est bien l'homme qu'elle voulait qu'il fût.
Mais de quel prix paiera-t-elle cette joie?

Le train emporte une maman désormais dédou-
blée : une partie d'elle-même reste à Libourne
où elle se prépare à partir pour la guerre.

IV

Le mercredi 23, il attendait sa mère et sa
sœur à la gare. Il avait mauvaise mine. A force
de l'interroger, sa mère réussit à lui faire avouer
qu'il avait une légère atteinte de dysenterie :
« comme tous à la caserne, d'ailleurs ».

Ils entrent dans la pièce délabrée, si nue, où
il n'a que son lit pour se reposer, s'il souffre.
Il devrait changer d'appartement. Pour le
même prix il pourrait avoir beaucoup plus de
confort.

— Bah! je me trouve bien comme cela! Et
puis, ça ferait de la peine à ma logeuse qui est
une brave femme. Elle est pauvre et a besoin de
ce que je lui donne pour vivre.

Moins bonne que lui, sa mère insiste. Il lui

permet, pour lui faire plaisir, de lui chercher une autre chambre dimanche prochain.

Comme il avait du service, il les quitte, et, peu après, passe sous les fenêtres avec ses hommes. Elles grimpent vite sur des chaises pour le voir passer; la jeune femme y parvient, mais pas la mère, mal placée ou trop petite : le mur l'empêche.

Il revient, épuisé. On reste à causer paisiblement. En allant dîner on entre chez un pharmacien commander une potion. Jean mange à peine, malgré son désir évident de ne pas inquiéter celles qu'il aime. Comme, malgré tous ses efforts, il est déprimé, silencieux, elles hâtent le repas, le dernier pris ensemble...

Elles le raccompagnent jusqu'à sa porte, et c'est dans la rue qu'elles l'embrassent.

— A dimanche !

Sa figure s'éclaire, il sourit.

— Surtout, dit-il à sa mère, *viens de bonne heure!*

Elles retournent à l'hôtel où on leur donne asile jusqu'à onze heures, leur train partant vers minuit.

Attente mortelle debout, dans une gare glaciale, à peine éclairée, avec, au cœur, une angoisse inexprimable.

Vendredi, le 25 septembre 1914.

Ma chère Maman,

Nous venons de recevoir un ordre de départ pour cette nuit ou demain matin à la première heure. Je suis en train de m'équiper et de faire équiper mes hommes, ce qui ne me laisse pas une minute.

Je pars avec mon adjudant. J'ai vu, hier soir, le capitaine dont je t'ai parlé et qui m'a promis de me prendre dans sa compagnie. Tout va bien. Le remède du pharmacien m'a complètement guéri et je suis très en forme.

Écris-moi toujours à la même adresse : 57ᵉ de ligne, 29ᵉ Cⁱᵉ, Libourne. On fera suivre.

Je vous embrasse tous, papa, Suzanne, les petits enfants, bien affectueusement. A bientôt.

Ton fils,

JEAN.

CARNET DE ROUTE

Départ de Libourne à 6 h. 3o soir dans un wagon à bestiaux aménagé.

Arrivée à Noisy-le-Sec après réception sympathique par les banlieusards à chaque station du ch. de fer de ceinture. Nous couchons dans le train.

Départ le matin. Arrivons vers huit heures à Fismes où nous cantonnons dans une manufacture de chapeaux.

Départ à 6 heures. Marche de 4 heures. Arrivons à Cuiry — plaine entre collines. Nous installons par sections auprès de petites tranchées.

Repérés par artillerie allemande. Recevons obus. Nous dissimulons. Assistons à exécution martiale d'un soldat qui a lâché pied. Spectacle pénible.

Cantonnons le soir, entassés dans une grange.

3o septembre.

Départ à 4 heures. Demeurons en réserve près des tranchées, dans un bois. Devons partir à l'assaut de Craonne le soir. Attendons. Contre-ordre. Nous couchons dans le bois. Froid de loup.

1ᵉʳ octobre.

Attente dans le bois. Shrapnells par-dessus notre tête. Nous couchons dans des terriers — pleins de sable et de terre. Pétarade dans la nuit.

Carte postale sans date, non timbrée.

Mᵐᵉ de la Ville de Mirmont, 15, rue de Caudéran, Bordeaux.

Baisers hâtifs.   JEAN.

(Sur un feuillet déchiré de son *Carnet de route*.)

1ᵉʳ octobre 1914.

MA CHÈRE MAMAN,

Voilà plusieurs jours que j'ai commencé de faire campagne sans pouvoir t'écrire.

Après un voyage de 48 heures dans des wagons à bestiaux, je mène, en effet, une existence de sauvage au milieu des bois. Mais je suis en excellente santé et les obus me laissent froid. Ce n'est pas ennuyeux du tout.

Au revoir, ma chère maman, je te donnerai des détails complémentaires quand j'en aurai la possibilité.

Baisers à tous.   JEAN.

P.-S. — Envoie-moi du chocolat.

2 octobre 14.

Carnet de route.

Ma barbe continue de pousser. Odeur de cadavre. On enterre un soldat du 34ᵉ à côté de nous. Chevaux crevés. Brouillard. Accalmie par suite du brouillard. L'armée active est dans un état pitoyable. Dans le soir, shrapnells.

3 octobre.

Même chose. Nous avons, pour un jour, un nouveau capitaine venant de la Légion. Balles et shrapnells toujours.

57ᵐᵉ Rᵗ. de L.
                    Malades :

          BILLIET,   ex. service.
          PRÉZUL,   —
          Cˡ MAYLET,   —
          BODARD,   —

CHARRON,   ex. service.
FERNANDEZ,   —
GIRESSE,   —
LAFON,   —
BÈZE,   —
GAUJARD,   —

ALLAIRE   serpe.
COTTET,   —
GUÉRINEAU,   pioche.
PRISME,   —
BOIREAU,   —
RECOU,   —
LAROQUE,   —
NAGEREAU,   Néant.
NETOYER,   pelle.
DAGENS,   —
FERNANDEZ (M.),   —
GARDY,   Néant.
LARROUY,   p.
FOSSE (le suppléant),   p.
BIZAUD,   pelle.

Disparus :

LARROUY.
FEYTE.

9

Blessés :

AMBLARD.

CHAPELAIN.

C¹ LABAS.

TESSIER.

DALESME.

Morts :

OUVRARD.	JANIN.
MONTPILLIER.	SAP.
GIRONIN.	LALANNE.
MARTINEAU,	FERNANDEZ.
MALET.	

POSTE DE LA FERME.

1 sent. double.

2 h. de comm^{on}.

1 p. BERGEAUD, 4 h. et 1 cap., 16 h., 2 cap., 1 sergent.

ROUTE DES TRANCHÉES.	ROUTE DE BEAUNE.
1 sent. simple.	1 s. simple jour.
double, nuit.	2 nuit.
	8 h. et 1 cap.

N° 3. ROUTE DU POSTE DU COMMANDANT
8 h. et 1 cap.

15 h. Contre-visite.   16 h. graisse d'armes.

Poste de secours église.   9me et 10me.

Poste de police un peu plus haut que l'École.

Dimanche, 4 octobre.

MA CHÈRE MAMAN,

Impossible de trouver du papier pour t'écrire. Je vais très bien. Aujourd'hui, première journée de repos au cantonnement. Nous avons un toit pour coucher.

Je m'habitue à cette existence et je ne m'y déplais pas. Bien que sur la ligne de feu, au milieu de la pétarade, je n'ai pas encore tiré un coup de fusil.

J'ai reçu hier tes gants et ton cache-nez, objets précieux, mais pas encore de lettre. Mon adresse actuelle est : 57me, 12me compagnie, 18me corps d'armée.

Baisers à tous.

JEAN.

———

Vendredi, 9 octobre.

MON CHER PAPA,

J'ai enfin pu trouver une feuille de papier convenable pour vous écrire. Je ne puis pas te dire exactement où je suis, mais le pays est fort démuni des objets les plus élémentaires. D'ailleurs je deviens un type dans le genre de « l'ami d'Édouard », et à force de vivre dans les bois et dans les tranchées, je ne saurai bientôt plus écrire. Je me porte fort bien, passablement nourri et couchant sur la terre. Le temps est beau, mais les nuits sont froides. Les Prussiens sont accrochés au sol comme des poux. Nous nous canardons à tour de rôle. J'ignore absolument ce qui se passe ailleurs.

J'ai été versé à mon ancienne compagnie, la 12ᵐᵉ. Mon capitaine actuel est le fils de ton collègue à la Mairie, M. Bordes. Il vient de me proposer, d'accord avec le commandant et le colonel, pour le grade de sous-lieutenant. Si je suis nommé, je vous aviserai de ma nouvelle affectation.

Je suis bien sûr que vous m'avez déjà envoyé des lettres. Je n'ai encore rien reçu, — ce qui n'a rien d'extraordinaire, étant donnée la difficulté que présente le tri de la correspondance sur le front. Mais continuez quand même à m'écrire — je trouverai le tout un de ces jours.

Avez-vous été touchés par mes précédents mots? Remercie maman pour son cache-nez et ses gants. Dis-lui qu'elle peut m'adresser par colis recommandés, de temps en temps, du chocolat, du sucre, des cigarettes et des objets de cet ordre. Il m'est impossible de m'en pro-

curer ici. Tout est dévasté. Et ce me serait fort
utile.

Il me tarde d'avoir de vos nouvelles — des
nouvelles de tout le monde. — Comment va le
petit garçon ?

Je commence à posséder une barbe assez belle.
Autre détail : j'ai complètement brûlé un de mes
souliers en essayant de me réchauffer les pieds,
l'autre nuit.

Au revoir, mon cher papa. Je vous embrasse
tous bien tendrement.

Ton fils qui t'aime,

JEAN,
Sergent DE MIRMONT,
57me régiment de ligne,
12me compagnie,
18me corps.
PAR LIBOURNE.

Lundi, 12 octobre 1914.

MA CHÈRE MAMAN,

Je profite de ton papier pour t'écrire du fond
de ma tranchée — appuyé sur le dos d'un de
mes hommes qui, à quatre pattes, me sert de
table comme le bossu de la rue Quincampoix.

Tudieu ! ma chère maman, ça fait un bruit d'enfer autour de moi. Je suis en réserve à une
centaine de mètres derrière la ligne de feu. Les
Prussiens nous arrosent d'obus explosifs, mais
si tu reçois ma lettre, c'est que je n'aurai eu
aucun mal. Si nous arrivons à chasser les Allemands de leurs positions, nous serons sans doute
au repos et tranquilles pour un certain temps.
Je te jure que le 18ᵐᵉ corps l'a bien mérité —
surtout avant mon arrivée, dois-je ajouter par
modestie.

Ta lettre du 7 m'est arrivée hier soir. Tes denrées alimentaires ne vont pas tarder. Tout nous
parvient avec plus ou moins de retard. C'est
forcé, en raison des circonstances.

Pour le moment je n'ai pas besoin de lainages,
ni de fourrures. Ton cache-nez m'est très utile.
Si je passe sous-lieutenant, ainsi que je suis proposé, j'aurai une cantine où je pourrai enfermer
plus d'objets que dans mon malheureux sac. On
nous a distribué des couvertures épaisses et de
gros tricots. Nous ne sommes pas à plaindre
sous ce rapport. De même, notre nouriture est
très suffisante.

Je suis heureux d'avoir des nouvelles de Bordeaux et des Bordelais, — mais il me tarde de
connaître le sort de Louis Malan. Mes amis ont,
plutôt, écopé, jusqu'ici. Sait-on comment va

Raymond? Le 18ᵐᵉ travaille avec nous dans les tranchées; il s'est très bien battu depuis le début — mais il est, comme nous, assez fatigué.

---

13 octobre.

Je viens de recevoir ton chocolat, ton sucre et les cigarettes. Merci de tout mon cœur. Tu es vraiment trop bonne de prendre tant de soin pour moi.

J'attends toujours dans ma tranchée. Nous avons quelques blessés par-ci par-là.

Au revoir, ma chère maman, je vous embrasse tous bien tendrement avant de donner ma lettre au vaguemestre.

Tu n'imagines pas combien les cigarettes sont douces !

JEAN.

---

16 octobre 1914.

[Sur un morceau de papier arraché à son carnet de route et trouvé sur lui :]

Si je meurs, faire dire à ma mère que ma dernière pensée aura été pour elle.

17 octobre 1914.

MA CHÈRE MAMAN,

Je n'ai pas encore reçu la lettre de papa et c'est par toi que j'apprends la mort de Louis. C'est la grande et belle mort du soldat. Il ne faut point pleurer ceux qui, à vingt-quatre ans, se font tuer au feu en défendant leur pays. Leur vie a été belle et leur destinée, complète. Conservons seulement leur souvenir, et regrettons que ce soient malheureusement les meilleurs qui s'en aillent. Mais je commence à avoir un peu peur pour tous mes amis. Chaque jour c'est un nouveau qui est touché.

Je m'étais déjà renseigné au sujet du jeune Coÿne. Ses camarades l'ont vu blessé lors de la retraite qui suivit la bataille de Guise, le 29 août, je crois. Il n'avait rien de très grave, paraît-il. Il n'avait pas dû rejoindre l'ambulance et suivait sa compagnie. Mais il a disparu depuis. Il a pu être fait prisonnier, ainsi que beaucoup d'autres blessés et éclopés. Cette hypothèse doit être la vraie, car sinon Maga aurait reçu de ses nouvelles.

Si je puis obtenir d'autres renseignements sur lui, je vous les enverrai. Je ferai tout mon possible.

Aujourd'hui mon régiment (et même toute la

brigade) vient d'être renvoyé au repos. Nous sommes relevés sur le champ de bataille et je vais, enfin, pouvoir m'étendre dans une grange au cantonnement. Depuis plus de huit jours je dormais dans la boue des tranchées, sous la mitraille et sous la pluie. Je suis brisé, mais très bien portant, déjà endurci. J'ai vu des camarades coupés en morceaux à mes côtés par l'artillerie allemande. L'adjudant Marceron, que tu as rencontré à Libourne et qui a été autrefois l'élève de papa, est mort.

Hier notre champ de bataille était affreux (ou très beau). Une immense plaine grise crevée de trous d'obus et jonchée de cadavres mutilés, français et allemands. Un grand Allemand, privé de tête, dominait de son ombre ma place dans la tranchée. Et l'odeur de tout cela! Mes cauchemars d'enfant ne sont rien à côté. Je vous le conterai plus tard.

Je souffre fort peu, dois-je avouer, de ces spectacles, et ne perds rien de mon appétit ni de ma belle humeur. Quelques mauvais moments lorsqu'on attend la rafale d'obus. Encore sont-ils rachetés amplement par la joie animale, et d'ailleurs légitime, de se sentir encore en vie après. Mais j'aime mieux les balles. Elles sifflent gentiment et font des blessures propres.

Excuse-moi de t'envoyer cette lettre décousue,

écrite sur mon sac. Nous serons sans doute au
repos quelque temps, l'ayant mérité, et je vous
écrirai de nouveau, la tête plus reposée.

Écrivez-moi tous. Merci à Suzanne. Baisers,
baisers et baisers.

Ton fils, JEAN.

Lundi, 19 octobre 1914.

MA CHÈRE MAMAN,

Nous sommes au repos depuis hier matin.
Nous avons de la paille pour coucher; j'ai pu
faire laver un peu de linge et j'ai réussi à acheter
deux poulets à mes hommes. Comme tu vois,
c'est la grande noce. Malheureusement, les Anglais sont restés ici pendant un mois et n'ont
pas laissé grand'chose. Ils ont oublié seulement
quelques boîtes de conserves et de confitures
tout à fait délicieuses que les habitants nous
revendent ou que nous leur échangeons contre
d'autres denrées. Nous sommes joyeux comme
des soldats qui reviennent vivants du feu. Ça va
durer encore deux ou trois jours.

J'ai reçu hier soir encore une lettre de toi et
une de papa. Je vous écris chaque fois qu'il m'est
possible, mais peut-être ne recevez-vous pas
toutes mes lettres.

J'ignore pour l'instant si le sort est favorable à nos armes. Il est difficile de rien savoir ici. J'ai pourtant l'impression que cela ne va pas trop mal.

Il y a, pour nous, des moments fort désagréables, — mais on s'habitue vite et l'on s'endurcit à la guerre. On vit au jour le jour, de l'heure présente. Mon goût pour l'exceptionnel et l'inhabituel, ainsi que l'élasticité de ma bonne humeur me rendent de grands services. Ce n'est pas à nous qu'il appartient de pleurer. Nous devons rester gais et confiants jusqu'au jour où le pays n'aura plus besoin que nous nous oubliions joyeusement pour lui; — alors nous pourrons regarder en arrière, compter les absents et les regretter. En attendant, nous nous nous contentons de ces petites croix de branchages ornés de feuilles que nous plaçons provisoirement sur les tombes des nôtres avant de poursuivre la marche au canon.

Je t'ai déjà dit ce que je savais de Coÿne. Blessé peu grièvement à Guise, il a dû perdre sa compagnie où l'on ne sait plus rien sur son compte. Les Allemands l'ont peut-être pris — à moins que... car ils ne se chargent pas toujours de conserver nos blessés. Mais chaque jour nous recevons des nouvelles de soldats disparus que l'on croyait tués.

J'ignore encore quand je vais passer sous-lieutenant. Cela me procurera quelques avantages matériels, mais un peu plus de responsabilité.

Tes colis m'arrivent avec du retard, mais ils m'arrivent. Je vais sans doute en recevoir un de chocolat, etc..., car on annonce des paquets recommandés pour la compagnie. Ta peau de bique me paraît une excellente idée — et ce sera très « mobile de la Loire ». Pas besoin de souliers, à moins que tu ne les aies déjà achetés. Envoie-moi des lunettes de chasse de rechange et une petite lampe électrique de poche. Pour les lunettes : 4 dioptries gauche, 5 d° droite. Tiens-moi un compte de toutes ces dépenses. J'ai de l'argent qui dort dans mes poches et que je ne puis employer. Je reviendrai riche de la guerre. Continue régulièrement le sucre et le chocolat, c'est très important dans les tranchées. Au revoir, chère maman. Je vous embrasse tous, papa, Suzanne et toi. Ma lettre est à ton nom, mais elle est pour vous tous, du fond du cœur.

JEAN.

Mardi, 20 octobre 1914.

MON CHER PAPA,

Comme tu le vois, j'ai trouvé du beau papier pour t'écrire et te remercier de ta bonne lettre du 13. J'ai trouvé également un marchand ambulant qui m'a vendu une solide paire de chaussures comme les portent les paysans d'ici. Le troisième colis de maman m'est arrivé hier soir. Je suis donc complètement équipé, et, de plus, très reposé par notre repos actuel, qui doit finir sans doute demain soir.

Merci pour tes conseils. Si je passe officier, je n'aurai guère à modifier ma tenue; — il me serait, d'ailleurs, difficile de trouver ici un nouvel équipement.

Je suis heureux de vous savoir en bonne santé. Je désirerais aussi avoir des nouvelles de la situation générale. Dis à maman de m'envelopper les paquets qu'elle m'envoie dans un morceau du dernier journal paru.

Quand finira cette guerre? Personnellement je ne me déplais pas plus ici qu'ailleurs — au contraire. Mais si ça continue, je me demande ce qui me restera en fait d'amis valides.

Ma compagnie n'a pas beaucoup souffert ces derniers jours. Mais les batailles actuelles ont

10

ceci de pénible qu'elles durent très longtemps.
Il suffisait, jadis, d'un jour de courage pour
remporter une victoire. Aujourd'hui on reste
sous les obus pendant quinze jours ou un mois,
— le plus souvent dans l'attente et sans savoir
exactement ce qui se passe. Personnellement,
ayant été plusieurs fois en première ligne —
jusqu'à 400 mètres des Allemands qui nous
bombardaient — je n'ai pas encore pu tirer un
coup de fusil. Dans ces conditions, la griserie du
combat n'existe guère, et l'on finit par s'endormir,
le soir, au milieu de la pétarade, aussi tranquille_
ment que dans son lit.

Au revoir, mon cher papa. Je vous embrasse
tous, bien tendrement.

Ton fils qui t'aime,   Jean.

P.-S. — La mort de Marceron est confirmée.

———

23 octobre 1914.

Ma chère Maman,

J'ai reçu hier ta bonne et réconfortante lettre
du 17. Tes envois me sont tous parvenus, — il
n'y a qu'un peu de retard. Ne t'inquiète donc
pas à ce sujet. Ce sont mes lettres, à moi, qui
doivent parfois rester en route et cela me désole,

car un silence de ma part doit te causer beaucoup de souci après toutes les mauvaises nouvelles qu'on t'a données récemment de la famille.
La Ville-au-Bois où est tombé Raymond a été un
des plus rudes combats de la campagne. Cette
première partie de la guerre, à laquelle je n'ai
pas assisté, a fait beaucoup de victimes. Aujour-
d'hui nous nous battons, mieux abrités, dans des
tranchées. Au centre, où je suis, la situation
reste stationnaire. Nous ne souffrons pas trop et
sommes moins à plaindre que d'autres.

Je t'écris du fond d'une cave d'un village bom-
bardé. Nous sommes là depuis hier matin, en
réserve des avant-postes. Ce soir, ce sera notre
tour, pour deux jours, de prendre la garde aux
avant-postes. Il s'agit seulement d'être prudent
et de voir sans se faire voir. Jusqu'ici ma compagnie a eu fort peu de pertes.

Je suis heureux de vous savoir bien portants
et je pense à la joie que nous aurons à nous
retrouver tous. Ferons-nous enfin réveillon
ensemble cette année? Hélas! on n'ose espérer
que la guerre soit déjà finie à cette époque. Il
faudrait des événements nouveaux, imprévus et
décisifs. J'ignore ce qui se passe et ne puis que
formuler des vœux. Nous serons vainqueurs —
avec le temps. Mais l'armée allemande constitue
une force redoutable et admirablement organisée

dont il sera difficile de venir tout de suite à bout.

Au revoir, ma chère maman. Je t'embrasse de tout mon cœur ainsi que papa et les enfants. Dis-toi bien que je me trouve en excellente santé (ma chambre à coucher ne manque pas d'air ici), plein de confiance et d'espoir. J'ajoute que ce m'est d'un grand réconfort de sentir votre pensée et votre affection près de moi.

Ton fils qui t'aime,

JEAN,

Sergent,

57ᵉ de ligne, 12ᵉ Compagnie.

---

26 octobre 1914.

MA CHÈRE MAMAN,

Quels merveilleux paquets je viens de recevoir tout à l'heure !

Je reprends au crayon, ayant été interrompu par mon service et n'ayant pas retrouvé l'encrier qui me servait. Donc, j'ai ouvert ces paquets comme jadis ceux que je voyais dans mes souliers, le matin de Noël. Ils contenaient tout ce que je désirais. Comment te remercier ? Je te sens chaque jour près de moi, m'entourant de ton affection ainsi que d'une sauvegarde invin-

cible. Si un obus m'emporte, je mourrai comme
dans tes bras quoique de si loin.

Nous continuons de tenir bon jusqu'au bout.
Les Prussiens semblent s'exaspérer, comme des
gens qui n'en peuvent plus. Ils accablent tout,
les villages, les champs, les bois, d'un bombar-
dement incessant. Pour notre compte, nous n'é-
copons pas beaucoup ces jours-ci à la 12ᵉ. Ça
tombe à côté, pas très loin, mais assez pour ne
pas nous faire du mal. Si les choses continuent
ainsi, tout sera bon pour ma santé... qui passe
néanmoins après celle du pays.

Je n'ai pas encore ma nomination. Elle doit
venir en effet du commandement en chef. Si
j'étais réserviste, elle viendrait de la division.
Au reste, je ne suis pas pressé du tout, me trouvant fort bien avec des hommes et des caporaux
dévoués et remplis d'affection pour moi.

Je vais écrire à Suzanne et à ses filles dont les
lettres m'ont bien amusé. Le « tonton » qui
couche sur la terre ne les oublie pas. Que ne
va-t-il dans la forêt noire leur chercher de beaux
joujoux? Mais cette guerre n'est pas une promenade militaire. On ne voit l'ennemi que sous
forme de cadavres, de blessés ou de prisonniers.

Tu n'imaginerais pas l'être sauvage et rude
que je suis devenu après un mois de campagne.
Couvert de boue, mangeant indifféremment avec

les doigts du sucre ou de la graisse de cochon,
barbu comme un gorille. Si j'en reviens, je deviendrai un monsieur très alexandrin et très affiné,
en ayant acquis le droit sur les champs de
bataille.

Au revoir, ma chère maman, au revoir, vous
tous que j'aime.

Ton fils,   JEAN.

Le 28 octobre 1914.

MA CHÈRE MAMAN,

Je reçois aujourd'hui ta lettre du 2 octobre
que tu m'avais adressée à Libourne, ignorant
alors ma nouvelle adresse, et qui contenait la
carte que voici. J'en profite pour te souhaiter un
bon anniversaire — assez à l'avance pour que
mes vœux t'aient rejointe le 4 novembre.

Mille baisers de ton fils,

JEAN.

---

28 octobre 1914.

MA CHÈRE SUZANNE,

Je te remercie enfin de tes lettres. Je suis heureux que tu aies de bonnes nouvelles de Paul et
te prie de l'embrasser pour moi lorsque tu lui

écriras. J'espère que l'on se retrouvera tous avant trop longtemps, et ce sera un fameux jour.

En attendant, ces sacrés Allemands nous donnent du fil à retordre, — mais il est impossible que, malgré leur force, ils puissent tenir toujours.

Je vous ai dit précédemment tout ce que je sais sur Coÿne. Il doit être blessé (peu grièvement) et prisonnier en Allemagne; Maga aura, i'espère, de ses nouvelles un de ces jours. Ne m'oublie pas auprès d'elle, je te prie.

Au revoir, chère sœur.

JEAN.

Lettre pour Fanfan.

MA CHÈRE NIÈCE,

Le tonton qui couche sur la terre te fait embrasser tendrement. Il ne se ronge pas les ongles, car il a les mains bien sales. Il ne fait pas... au lit, car il n'a plus de lit. Ainsi sont punis les enfants méchants. Sois donc sage, ma chère nièce, et ton tonton reviendra te voir avec une belle barbe noire.

Baisers de

TONTON FAN.

Lettre pour Bébé.

MA CHÈRE FILLEULE,

Ton parrain ne t'oublie pas depuis le champ de bataille. Il espère te retrouver à Bordeaux, grande et sage, après la guerre. S'il est cul-de-jatte à cette époque, il compte sur toi pour le traîner dans sa voiture avec une ficelle. N'est-ce pas que ce sera un beau joujou?

Baisers de ton parrain,

FAN.

———

Jeudi 6 novembre 1914.

MA CHÈRE MAMAN,

Pardonne-moi mon silence de ces derniers jours. Nous venons de passer des moments assez durs. Six jours de combat acharné, diurne et nocturne. Un instant j'ai bien cru y rester, mais c'était précisément le 4 novembre et je ne pouvais pas tomber pour ton anniversaire; cela m'a rendu toute confiance. Je suis vivant, bien vivant, en excellente santé, sans une égratignure et reposé par une nuit de sommeil. Malheureusement ma compagnie a beaucoup souffert.

Le capitaine est blessé — peu grièvement. Le lieutenant, le sergent-major, 4 sergents, plusieurs caporaux et bon nombre de soldats, tués. Le reste est blessé pour une bonne partie. Nous avons des têtes impossibles, d'une saleté étrange.

Les Allemands, pourtant, sont repoussés. C'était, je crois, leur grand effort avant de préparer leur retraite. Mais sait-on jamais ce que ces diables ont dans la peau? Ils reviennent toujours avec plus d'acharnement.

Pour moi, je crois que j'ai fait mon devoir et que je me suis bien conduit sous la mitraille.

J'ai reçu votre carte postale d'Arcachon. Merci à tous. Le service du vaguemestre se trouvant un peu troublé par les circonstances, je ne sais pas quand tes dernières lettres m'arriveront — ainsi que le colis annoncé. Je les attends avec impatience.

As-tu reçu une carte pour ton anniversaire?

Au revoir, ma chère maman. J'ai un service très chargé ce matin, mais je t'écrirai plus longuement dès que j'aurai un peu de répit.

Baisers à papa, à Suzanne, aux enfants.

Je t'embrasse tendrement.

JEAN.

Le 8 novembre 1914.

MA CHÈRE MAMAN,

C'est de nouveau du fond des bois que je t'écris. Nous sommes placés là comme soutiens d'artillerie. J'occupe avec mes hommes de petites baraques souterraines construites précédemment par les Anglais, et par suite très confortables. Après ces jours derniers, notre situation tranquille au milieu d'une magnifique forêt de sapins couronnée de brouillard, et dans des refuges où nous pouvons allumer du feu, me paraît une charmante villégiature. L'endroit est des plus beaux ; — on se croirait dans un roman de Fenimore Cooper.

Hier nous eûmes un léger engagement où nous ne perdîmes pas de monde. Le capitaine va mieux. Il n'était pas touché, mais souffrait de fortes courbatures et de contusions, ayant été renversé et à moitié enterré par un obus.

Ton colis contenant les lunettes et la lampe ne m'est pas parvenu. Il a dû se perdre dans les remue-ménage de ces derniers jours. Le recevrai-je ? Je n'ai pas grand espoir — et me désole à l'idée que tu te seras donné tant de peine pour rien, peut-être. Ce sera, d'ailleurs, le premier de tes envois que je ne recevrai pas.

Je suis heureux d'apprendre d'une manière à peu près sûre que Raymond est seulement prisonnier. Les prisonniers en Allemagne ne sont pas plus mal soignés que cela. Malgré tout, il n'y a pas que des brutes dans ce pays. Un de nos soldats, blessé, a été rencontré l'autre jour par les Prussiens. L'officier lui a donné à boire en lui disant : « Va-t'en rejoindre les tiens, tu as fait ton devoir. »

Dans tous les cas, ce qu'on ne peut dénier à nos ennemis, c'est leur courage. Ils se battent très bien. Pour mon compte, je pense en avoir tué déjà quelques-uns... Les cadavres des nôtres et des leurs, mêlés sur les champs de bataille, semblent unis par une définitive camaraderie.

Au revoir, ma chère maman, je t'embrasse bien tendrement ainsi que papa et Suzanne que je voudrais savoir mieux portante. Dis à papa que je ne lui écris pas personnellement faute de papier et d'enveloppes à son nom. On se ravitaille très difficilement ici.

Amitiés à Paul quand Suzanne lui écrira.

JEAN.

9 novembre 1914.

MON CHER PAPA,

Excuse-moi de t'écrire dans une enveloppe déjà ouverte. Je l'avais fermée par méprise et j'ai été obligé de la déchirer dans le haut pour pouvoir m'en servir.

Maman m'écrit que tu es fatigué ces temps-ci, mon cher papa, et que tu manques d'appétit. Tâche de bien manger pour que je retrouve un papa en bonne santé à mon retour et que nous puissions gaiement fêter alors notre réunion.

Comme tu as pu voir d'après les journaux et d'après mes dernières lettres à maman, c'est nous, ceux du Centre, qui avons dû subir la dernière grosse attaque des Boches. Nous avons eu plusieurs jours assez durs. Aujourd'hui les choses ont l'air de ne pas aller trop mal et le canon se fait moins entendre.

J'ai froid au derrière, assis dans une tranchée un peu humide, mais je me délecte en grignotant le chocolat, le sucre et les biscuits de maman et en fumant les cigarettes de son dernier envoi. L'avant-dernier, arrivé lors du combat de ces jours passés, s'est perdu. J'en suis surtout fâché à cause de la peine inutile que j'ai donnée à maman, déjà si occupée par ailleurs. Veille qu'elle ne se fatigue pas trop, qu'elle ne s'épuise pas à force de se dépenser pour autrui.

Nous nous demandons tous combien de temps cette guerre va durer. On ne peut gagner un peu de terrain qu'avec beaucoup d'efforts et de pertes de part et d'autre. On risque de rester longtemps ainsi nez à nez, sans résultat définitif. Il paraît heureusement que les Russes avancent ferme et que les Hindous font merveille dans le Nord.

La saison avance. Pourtant nous n'avons pas encore de maladies — ni bronchites, ni rhumes. Seulement un peu de dysenterie, tantôt l'un, tantôt l'autre, sans gravité.

Ma compagnie vient d'être reconstituée après les pertes qu'elle a subies. Nous avons reçu quelques territoriaux. Nous attendons la nouvelle classe qui ne peut plus tarder.

Au revoir, mon cher papa. Je vous embrasse de tout mon cœur. Écris-moi dès que tu auras le temps, car vos lettres sont ma seule lecture, ma plus grande distraction et mon meilleur réconfort.

JEAN.

57.e Régiment d'Infanterie

Extrait de l'Ordre de Régiment n° 4bis

au sujet d'une citation à l'ordre du Régiment

concernant le sergent De la Ville de Mirmont :

« Belle conduite au cours de l'action du

Verneuil le 6 Novembre 1914

Le Colonel Debeugny, com.t le 57e rég.t d'inf.ie.

signé : Debeugny.

Certifié copie conforme

Le Colonel Debeugny, com.t le 57e rég.t d'inf.ie.

10 novembre 1914.

MA CHÈRE MAMAN,

Je t'adresse ci-joint une citation à l'ordre du régiment me concernant *(voir* fac-simile *pages 106 et 107).* Garde-la pour le cas où je recevrais du fer dans la peau, afin de prouver plus tard à la jeune Paulette que si son parrain cultivait nonchalamment les muses dans ses loisirs administratifs, il savait aussi se conduire en bon La Ville sur les champs de bataille.

Je te remercie de ta si bonne et si tendre lettre que j'ai reçue ce matin. Les blessés que tu soignes me font envie puisqu'ils t'ont près d'eux. Mais ne te fatigue pas trop, je t'en supplie.

Bien que nous restions toujours en première ligne, les Boches nous laissent un peu de répit. Ils sont tout près, dans une tranchée en face de la nôtre. Nous nous guignons du coin de l'œil et tiraillons un peu, sans nous causer grand mal de part et d'autre. Cette guerre lente et sans musique ne ressemble guère aux gravures des calendriers, non plus qu'aux tableaux de feu M. Detaille. Elle est triste et ennuyeuse à mourir, d'une platitude désespérante — jusqu'au moment où la grosse artillerie s'en mêle et alors cela devient infernal au vrai sens du mot,

avec de la fumée, du feu et toutes sortes de
hurlements.

A l'instant où je t'écris, un Allemand vient de
se présenter devant nos lignes pour se constituer
prisonnier. Il a jeté son fusil et agité son mou-
choir. Il s'est mis à rire à toutes les questions
que lui a posées l'un des nôtres qui connaît l'allemand. On lui a donné la goutte à boire et une
cigarette, et il est parti entre deux hommes,
enchanté de son sort. C'est un Wurtembergeois
blond et gras, d'humeur peu belliqueuse; on
aura sans doute par lui des renseignements sur
les positions et les forces ennemies.

Au revoir, ma chère maman.

Je t'embrasse de tout mon cœur ainsi que tous
ceux que j'aime là-bas.

Ton fils,   JEAN.

---

13 novembre 1914.

MA CHÈRE MAMAN,

J'ai reçu ton manteau de caoutchouc, ton couteau, ton sifflet, etc... — Comment te remercier?
Tu as le génie de découvrir exactement ce qu'il
me faut. Je te reprocherai seulement de m'envoyer des affaires trop belles. Un simple suroît
en toile cirée aurait suffi — bien que mon actuel

manteau, sans compter qu'il est extrêmement confortable, me donne une allure d'officier supérieur. Ce sera parfait lorsque j'aurai l'épaulette, comme on dit dans les vieux romans. Mon capitaine a renouvelé sa proposition à mon égard, — mais la nomination tarde toujours.

As-tu reçu ma citation à l'ordre du régiment que je t'ai adressée avant-hier? Si j'en obtiens une autre, je serai alors cité à l'ordre de l'armée et tu verras mon nom dans le journal.

As-tu dit à Roger Paris le numéro de ma compagnie? Il faudrait absolument qu'il vînt avec moi. Je serais très heureux d'avoir un compagnon comme lui. Un ami avec qui causer de temps en temps est ce qui me manque le plus ici.

Ne t'inquiète pas au sujet de ma prudence. Je suis extrêmement prudent, c'est mon devoir. Il ne faut se montrer dans la tranchée que pour le combat. Sinon, il suffit d'un étourdi qui se fait voir hors de propos pour indiquer à l'ennemi où l'on se trouve et attirer aussitôt une rafale d'artillerie — et alors tout le monde écope, indistinctement, car le canon ne choisit pas un tel ou un tel. Mais la prudence a ses limites, et, lorsqu'il s'agit de se battre, rien ne sert de trop vouloir se protéger. La mort désigne les siens, souvent, d'une façon bizarre. Tel, resté à l'abri, est touché par une balle perdue vers la fin du combat; tel autre aura son sac, sa capote et son pantalon percés de balles, sans recevoir une blessure. Il vaut mieux ne pas y penser à l'avance et marcher carrément.

Nous allons, j'espère, avoir un peu de repos pour recevoir la nouvelle classe. Où irons-nous après?

Hier des officiers allemands ont agité un drapeau blanc et sont venus causer avec les nôtres, les invitant à déjeuner pour dimanche prochain. D'une tranchée à l'autre les soldats français et allemands se sont engagés à ne pas se fusiller de la journée. Ils se sont amusés à se lancer des pommes de terre. Le soir venu, les Boches ont entamé un cantique. Les nôtres ont répondu en entonnant un chant vif et animé :

> Ah ! que c'est rigolo !
> On va leur flanquer
> Les pieds dans le dos !

Puis la mitraille a repris.

De mon côté, j'étais en petit poste avancé avec mes hommes. Je n'ai eu qu'un blessé. Nous avons trouvé du cidre et un lapin dans la cave d'une maison abandonnée.

Je viens de recevoir une carte de Paul, qui va bien. Mon collègue à la Préfecture, Tristan

Klingsor, poète et critique d'art, m'a également
envoyé un mot.

Au revoir, ma chère maman. Pour finir, j'ap-
prouve tout à fait ton idée d'un gilet en peau de
lapin. Pourvu qu'il ait plus de chance que mes
lunettes !

Je vous embrasse tous bien tendrement.

Ton fils qui t'aime,

JEAN.

---

17 novembre 1914.

MA CHÈRE MAMAN,

Cette fois-ci je t'écris dans une église qui n'a
plus beaucoup de vitraux et dont la voûte est
percée en plusieurs endroits. Nous avons quitté
ce matin notre tranchée, vers cinq heures. Je me
suis réveillé la barbe blanche, comme le père
Noël. Il gelait à pierre fendre et mes mains
étaient comme mortes. C'est la vraie misère qui
commence, mais nous la supporterons de bon
cœur. Mieux vaut le froid que la pluie, et la
glace que la boue où l'on s'enfonce jusqu'aux genoux lorsqu'on ne s'y étale pas à plat
ventre.

Je n'ai pas encore vu arriver Roger Paris. Il
viendra, sans doute, avec les bleus que nous

attendons pour demain. Nous aurons, j'espère, un peu de repos pour les recevoir. Depuis
28 jours, nous croyons toujours qu'on va nous
donner du repos et nous repartons chaque fois
en alerte.

Les Allemands, devant nous, n'ont pas l'air
de vouloir s'en aller. Ils se fortifient de plus en
plus dans de profondes tranchées. Nous serions
heureux, pourtant, d'aller un peu de l'avant
et de changer de position.

Comment va Suzanne? Paul doit être inquiet,
là-bas, de la savoir souffrante. J'ai bien peur que
tu ne puisses pas te ménager assez. Pour moi,
je demeure en excellente santé, pourvu d'un
solide appétit et dormant bien. J'ai plutôt engraissé, paraît-il, depuis mon départ. Ah! cette
vie de plein air!

J'ai reçu une lettre de papa qui m'a causé
beaucoup de plaisir. Remercie-le et dis-lui de
mettre chaque fois une enveloppe et du papier
pour la réponse. Mon capitaine est bien toujours
le capitaine Bordes, complètement rétabli
aujourd'hui. De plus, j'ai pour adjudant-
chef Peube-Locou, frère d'un abbé, ancien
élève de papa. C'est une vieille connaissance
pour moi.

On dit que les Russes avancent, — mais ce sera
long, sans doute. Dans le Nord, les attaques

allemandes faibliraient. Mais quel carnage il y a
dû avoir là-bas! Avec ce système actuel de guerre
on se tue à l'infini sans obtenir un avantage
marqué. Les Prussiens tiendront jusqu'au dernier moment — à moins qu'ils ne battent brusquement en retraite; mais ce serait désastreux
pour eux et je suppose qu'ils ne s'y résoudront
qu'à la dernière extrémité.

Ce soir nous devons occuper une tranchée au
plus à 38 mètres d'une des leurs. On peut parler
avec eux et ils nous jouent de l'accordéon. Leurs
troupes sont presque uniquement composées de
territoriaux, maintenant, de pères de famille bien
contents lorsqu'on les fait prisonniers. Ils sont
persuadés que c'est nous qui les avons attaqués,
d'accord avec le reste de l'Europe — et croient
fermement qu'ils seront vainqueurs.

Au revoir, ma chère maman. Je vous embrasse
de tout mon cœur. Ton macfarlane me rend de
précieux services. Envoie-moi une paire de
grosses chaussettes de laine et un passe-montagne, à la première occasion. Mais c'est ton
affection qui me tient encore le plus chaud.

Mille baisers.

JEAN.

21-11-14.

MA CHÈRE MAMAN,

J'ai reçu ce matin deux lettres et un paquet de toi, — ce dernier contenant une toile cirée, du savon, de la caféine, etc... Je te remercie de tout mon cœur. Nous sommes enfin au repos pour quatre jours et les nouvelles générales sont très bonnes. Je t'écrirai demain plus longuement et, en attendant, je vous embrasse tous bien tendrement.

Ton fils qui t'aime,   JEAN.

––––––

21-11-14.

MA CHÈRE MAMAN,

Je viens de t'écrire une carte postale lorsque je reçois une troisième lettre de toi. J'ai un moment, j'en profite pour t'écrire tout de suite.

D'abord merci pour tous tes envois. J'ai reçu le manteau de caoutchouc, le couteau, le sifflet, la toile cirée, etc., etc. Je n'ai pas reçu les lunettes, tombées, sans doute, aux mains des ennemis, et pas encore la peau de lapin et le passe-montagne. Inutile d'envoyer par Libourne. Ça vient très bien par la voie habituelle, sauf circonstances exceptionnelles. — Ne m'envoie pas de choses compliquées, à cause de mon chargement qui pèse déjà pas mal, et ne te ruine pas pour moi. Je te dirai au fur et à mesure ce dont j'aurai besoin, sans vergogne. Ainsi, pour mon anniversaire, tu peux me donner un briquet avec une mèche, — je serai enchanté.

Ci-joint une lettre de Mme Bermond que je t'adresse. Remercie-la pour moi; je n'ai pas d'autre papier à lettre que celui que tu m'envoies. Remercie aussi Henri Cavaillès qui vient de m'adresser une carte très gentille — et Suzanne pour sa dernière lettre qui m'a causé un grand plaisir. Je lui répondrai le plus tôt possible. Hier, dans la tranchée, nous étions tout près des Allemands, à 8 ou 10 mètres au plus. Nous nous sommes rendu visite réciproquement. Ils nous ont offert des cigares et de la bière, — nous leur avons donné du tabac de cantine en échange. Il y avait un étudiant prussien ayant vécu plusieurs années à Lyon, — en outre un de mes soldats a été professeur de français à Munich. C'était très amusant et très inattendu, et cela ne nous empêchera pas de faire notre devoir en temps voulu de part et d'autre.

Au revoir, ma chère maman.

Mille baisers à vous tous.

Ton fils qui t'aime,

JEAN.

Le 23 novembre 1914.

MA CHÈRE MAMAN,

J'ai reçu hier soir ton paquet du 18, contenant des lunettes et une lampe, sans compter quelques douceurs propres à flatter ma gourmandise. Je n'ai pas encore reçu la peau de lapin. — Elle m'arrivera sans doute un de ces jours. Tu me rends presque honteux à me gâter comme cela et j'ai du remords de te donner tant de soucis, ma chère maman. En m'engageant, je n'ai pas fait que m'engager moi-même. C'est tout ton amour maternel que j'ai mis en jeu. J'ai peur que ce ne soit une bien rude épreuve à laquelle je t'ai soumise, car tu souffres certainement par la pensée plus que moi en réalité. Je suis tout à fait aguerri et prends mon parti des quelques incommodités qui me sont imposées. Qui sait même si plus tard, au cas où, comme je le crois avec confiance, je reviens à la vie civile, je ne regretterai point cette existence pittoresque ?

Je suis encore au repos pour aujourd'hui et demain. Puis je retournerai dans la tranchée jusqu'au jour où les Boches voudront bien s'en aller. — Alors on ira de l'avant et ce sera un bien beau jour. Viendra-t-il bientôt ? J'ai l'impression que cette guerre finira en queue de poisson, comme toutes les guerres modernes, lorsque les adver-

saires seront trop fatigués de part et d'autre.
D'une manière générale pourtant, les nouvelles
ont l'air de nous être favorables.

As-tu reçu la lettre de Mme Bermond que je t'ai
envoyée? Remercie-la bien de ma part. Je lui
écrirai quand j'aurai du papier. Remercie aussi
Henri Cavaillès qui, comme je te l'ai dit, a eu
l'excellente pensée de m'envoyer une carte qui
m'a beaucoup touché.

Comment vont papa et Suzanne? Dis-moi aussi
comment tu vas. J'ai bien peur que tu ne dé-
passes tes forces.

Quand Suzanne verra Maga, qu'elle lui dise
toute ma sympathie. Il est, en effet, fort inquié-
tant qu'elle ne reçoive pas de nouvelles de son
mari, même s'il est prisonnier. Mais on peut
encore espérer. On verra après la guerre bien
des vivants sur lesquels on n'aura plus compté
depuis longtemps.

Au revoir, ma chère maman. Il gèle depuis
plusieurs jours, mais ce froid ne m'incommode
pas outre mesure. C'est un ennemi franc, contre
lequel on peut lutter. Je vous embrasse tous de
tout mon cœur.

Ton fils qui t'aime,   JEAN.

[Au verso, dessin d'un « Tonton Fan » barbu pour ses
nièces.]

23-11-14.

MA CHÈRE SŒUR,

Je te remercie de ta bonne lettre en attendant de pouvoir t'écrire plus longuement. Baisers aux petites et aux grandes personnes.

Ton frère,

JEAN.

23-11-14.

MON CHER HENRI,

Merci mille fois de ta carte si affectueuse. Je suis en excellente santé, malgré un petit froid sec qui engourdit les orteils, et je commence à devenir un vieux grognard. Je ne t'envoie pas de nouvelles de la guerre, sachant à peine ce qui se passe au bout de mon fusil.

Embrasse maman pour moi quand tu la verras et rappelle-moi, je te prie, au bon souvenir d'Ida et de mes jeunes cousines.

Bien affectueusement.

JEAN DE LA VILLE.

24 novembre 1914.

MA CHÈRE MAMAN,

Je viens de recevoir ton colis contenant une
peau de lapin, un sac de couchage, des chaussettes et le passe-montagne de Suzanne. Inutile
de te dire que ces objets me rendront de très
grands services. Ils me tiendront chaud merveil-
leusement pendant mes nuits de tranchée. Une
fois de plus tu as devancé mes désirs. Maintenant je ne vois plus ce qui pourrait m'être utile.
Pour le luxe et pour achever mon confort, donne-
moi un briquet et une petite assiette creuse
d'aluminium. — Puis je te demanderai, au fur et
à mesure de mes besoins, du linge ou des lainages quand ma provision sera usée, abîmée ou
perdue, ce qui n'est pas encore le cas.

En somme, j'ai reçu tout ce que tu m'as
envoyé — sauf le premier paquet contenant les
lunettes, etc., qui s'est perdu lors de la dernière
bataille. Comme ce paquet a été remplacé par
toi, il ne me manque plus rien. J'ai ton caoutchouc, ton couteau, etc., etc., etc., tout ce que
tu m'as annoncé. Ne t'en inquiète pas. Je reçois
également chacune de vos lettres, bien qu'à
intervalles irréguliers. Mais à la guerre comme
à la guerre. Faites toujours passer la correspon-

dance par *Libourne (faire suivre)* — c'est le che-min le plus sûr et le plus rapide.

Je repars ce soir pour la tranchée, continuer, après quatre jours de repos, cette vie de guerre de forteresse qui demande plus de patience que de furie française. Voilà deux mois que je ne cesse d'entendre le canon, sans répit, de près ou de loin, même au repos. On se demande s'il res-tera encore de l'acier sur la terre après cette guerre. — Où est le temps où l'on se battait un jour sur quinze, en rase campagne, contre un ennemi visible ? Je crains bien que nous ne soyons encore ici pour Noël. — Mais il faut toujours compter sur l'imprévu, et les hostilités peuvent finir d'un coup, un beau jour, comme durer encore longtemps.

Les bleus viennent d'arriver du dépôt. Roger Paris ne fait point partie de ce départ, — je l'at-tends avec impatience.

Remercie mon cher papa de sa bonne lettre encourageante, et ma vieille sœur de son passe-montagne. Cette nuit, ma fourrure m'a fait rêver que j'étais devenu Cosaque, avec une grande lance et un costume rouge et jaune. Voilà qui amuserait Fanfan, si c'était vrai !

Je ne suis pas encore nommé sous-lieutenant, mais j'en remplis actuellement les fonctions, selon le dernier remaniement de la compagnie.

Je suis en bonne santé et d'excellente humeur, avec le seul regret de vous savoir inquiets et si loin de moi. Au fond, je suis le plus heureux de vous tous, car si je suis emporté, j'espère ne pas même m'en apercevoir; si je suis blessé, je coucherai dans un bon lit et je serai soigné par d'aimables dames, et si je persiste tel quel, grâce à toi je n'aurai pas trop froid.

Au revoir, ma chère maman, bons baisers à vous tous.

Ton fils si loin et si près de toi — et sur qui veillent non seulement *son étoile*, mais *toutes les étoiles du ciel*.

« En cette foy je veux vivre et mourir. »

(Refrain de la ballade que fit Villon
pour sa mère.)

JEAN.

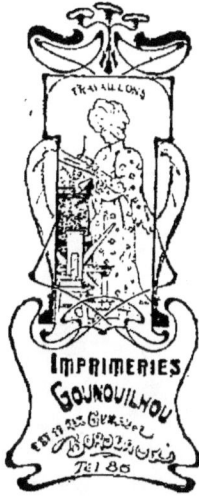

Daniel GOUNOUILHOU

Directeur

www.ingramcontent.com/pod-product-compliance
Lightning Source LLC
Chambersburg PA
CBHW072119090426
42739CB00012B/3018